L'ART DE LA GUERISON INDIVIDUELLE

Méthode de transformation et de déconditionnement de l'individu pour sortir de la souffrance

Par Valérie Tardy

Mentions légales

ISBN : 979-10-94741-07-8 (édition papier)

ISBN : 979-10-94741-08-5 (édition Kindle)

Du même auteur :

Comprendre l'essence du chamanisme : Au-delà des cultures, les pratiques chamaniques expliquées par une chamane (2015)

Manuel de reïki premier degré : développement personnel et éveil spirituel avec le reïki traditionnel (2015)

INTRODUCTION

L'art de la guérison individuelle est une méthode de déconditionnement de l'être humain. Elle permet de se libérer des programmations et filtres qui nous empêchent de percevoir la réalité telle qu'elle est, et qui conditionnent nos comportements. Je vais vous en expliquer les principes et la mise en pratique dans cet ouvrage.

Cette méthode a été mise au point par l'expérience, d'abord sur moi, puis sur des centaines de personnes. Elle est en réalité le fruit de mon parcours de développement personnel, mais surtout de son résultat. Ce n'est qu'en me libérant de mes programmations que j'ai pu voir suffisamment clairement comment cela fonctionnait et enseigner aux autres la façon de suivre le même chemin.

A partir de 7 ans, je me suis intéressée à la spiritualité, j'ai pratiqué sur moi à partir de 16 ans, et j'ai reçu des enseignements sans jamais adhérer à une religion ou une croyance quelconque. Mais le plus important est la façon dont j'ai plongé en moi pour regarder ce qui se passait. J'étais déterminée à ne rien laisser passer, et j'ai consacré une énorme partie de ma vie à ce travail. Finalement, j'ai dépassé le cap de la libération personnelle et j'ai connu une expérience d'éveil.

C'est ma propre transformation qui m'a permis d'être capable d'aider les autres. A travers mon propre travail sur moi, puis les soins qu'on m'a demandés, puis les stages, j'ai pu voir/sentir/comprendre les causes des souffrances des gens et comment les transformer/effacer. De la même manière, tous ceux qui voudront pouvoir aider les autres avec cette méthode devront d'abord la pratiquer sur eux.

C'est étrange pour moi d'écrire ce livre en cet été 2015. Il ne s'agit pas juste d'écrire un livre sur un sujet de développement personnel, d'éclaircir un point délicat, comme je le ferais en stage pour mes élèves. Cette fois, il me faut résumer ce que je pratique et enseigne depuis des années d'une façon aussi complète que possible, en expliquer les tenants et les aboutissants.

C'est vraiment bizarre de devoir théoriser, conceptualiser ce que je fais depuis si longtemps de façon naturelle. Certes, j'ai créé ma méthode de développement personnel, que je n'ai que récemment nommée «Art de la guérison individuelle». Mais en aucun cas cette méthode n'a été fondée sur des théories ou des concepts, de quelque sorte que ce soit.

Elle ne repose pas sur des expériences scientifiques. Elle n'est pas non plus le fruit de réflexions, ou d'un quelconque travail intellectuel. C'est une méthode empirique, c'est-à-dire qu'elle provient de la découverte par l'expérience. Cela ne signifie pas qu'elle n'a pas de valeur, au contraire. Cela signifie avant tout qu'elle marche, puisque la théorie part de la réalité de la pratique et non l'inverse. On sait que ça fonctionne, alors on cherche les raisons pour lesquelles cela est efficace, la théorie qui peut en être tirée (du moins c'est ce que la plupart des gens ont besoin de faire pour se rassurer). Cette méthode déductive est tout à fait recevable.

La médecine chinoise est un bon exemple de pratique totalement empirique. Les concepts qui semblent la caractériser ne sont que des tentatives de la théoriser, d'une façon poétique, mais ils sont assez éloignés de la réalité, ce qui peut d'ailleurs surprendre. Si l'on ne se laisse pas impressionner par les concepts, force est de reconnaître que la médecine chinoise est extrêmement efficace pour traiter divers maux physiques. Ce n'est pas étonnant, car elle provient justement de l'expérience et de l'observation, sur une très longue période.

Il faut pour certains occidentaux admettre qu'une chose peut être efficace sans qu'on la comprenne ou sans qu'elle repose sur des théories prouvées scientifiquement. Est-ce que je comprends comment fonctionne ma méthode ? Evidemment. Je la comprends puisqu'elle vient de moi, puisque je la pratique et puisque je l'enseigne. Mais cette compréhension n'est pas intellectuelle au départ. Elle est cependant suffisamment claire pour moi pour tenter de la conceptualiser pour vous dans ce livre.

Je vais donc essayer de vous présenter la méthode que je pratique depuis 20 ans avec succès, et de vous en expliquer les fondements, tels que je les perçois, en restant aussi simple que possible, comme à mon habitude. Il serait mauvais de théoriser inutilement, de compliquer ce qui est, au fond, assez simple. Il est intéressant de noter que mes élèves n'ont jamais eu besoin de ce type d'explications pour pratiquer sur eux, et que je n'en ai pas eu besoin non plus pour les guider.

Il faut donc relativiser l'importance de la conceptualisation et de la compréhension intellectuelle. Il est tout à fait possible de faire du feu sans savoir comment cela fonctionne précisément. On le fait, on voit que ça marche et on reproduit ensuite ce comportement. C'est ainsi que l'humanité a appris, pendant des millénaires ou des millions d'années. D'un autre côté, le fait de savoir comment faire du feu «en théorie» et de comprendre comment ça fonctionne ne suffira jamais à réussir à faire du feu !

J'insiste donc sur l'écart qui existe entre la compréhension intellectuelle d'une chose et sa réalisation. Je sais bien que ce livre ne peut permettre à personne de pratiquer ma méthode. Tout au plus, cela permettra d'en avoir une vision d'ensemble, de savoir que cela existe et de donner espoir à certains. Mais seuls ceux qui suivent mes stages et qui pratiquent sur eux deviendront capables de vraiment comprendre et pratiquer ce que j'explique dans ce livre. Ne croyez pas que lire un livre sur la pratique du surf vous permettra de surfer !

Cela fait longtemps que j'enseigne et me consacre au suivi de mes élèves. Il ne m'était pas venu à l'idée de chercher à «vendre» ma méthode ou à la transmettre auparavant pour la simple raison que je consacrais trop de temps à suivre mes élèves. Stages, emails, rendez-vous et forum ne me laissaient guère de disponibilité. Il faut du temps pour écrire, et il faut aussi du temps pour développer de nouveaux projets. Ce sont mes élèves eux-mêmes qui m'ont fait remarquer que ma méthode mériterait d'être connue partout et qu'il faudrait former des thérapeutes et des instructeurs pour la diffuser.

Les raisons qui me poussent à écrire ce livre aujourd'hui sont les suivantes :

• Donner une forme concrète à une méthode qui existe déjà. Dans notre société n'existe et n'a de valeur que ce qui est mesurable, et même ... vendable.

• Définir précisément ce que je fais pour que les gens cessent de croire qu'ils font la même chose que moi : force est de constater que ce n'est pas vrai. Il est important que les personnes qui viennent sur mes sites sachent que ce que je fais ne se trouve pas ailleurs.

• Laisser une trace écrite pour aider à transmettre et poursuivre ce travail. Mon but est de permettre à plus de personnes d'en bénéficier. Sur mon propre parcours j'ai toujours suivi la voie du coeur. Lorsque je rencontre de nouveaux élèves en stage, je suis toujours extrêmement touchée par leur souffrance, qui pourtant est tout à fait ordinaire. C'est bien là ce qui doit nous faire agir, la souffrance est tellement répandue qu'elle semble normale. Il ne fait aucun doute que l'art de la guérison individuelle peut aider de très nombreuses personnes.

Ces raisons sont également celles qui m'ont poussée à déposer le nom de ma méthode comme une marque. Quelque chose qui n'a pas de nom existe-t-il dans notre société ?

Les noms suivants sont déposés comme des marques :

- «Art de la Guérison Individuelle» (sigle AGI®). Il s'agit du nom de ma méthode de développement personnel, méthode qui pourra être enseignée et pratiquée uniquement par des personnes formées par moi à cette méthode. Logo déposé également.

- «Exploration émotionnelle» (sigle EXEM®). Il s'agit du nom de l'une des techniques faisant partie de ma méthode.

J'espère que ce livre sera utile au lecteur et à tous ceux qui cherchent le bonheur.

TABLE DES MATIERES

PREMIERE PARTIE : PRINCIPES

Résumé de la méthode

Ecrire un résumé de l'Art de la Guérison Individuelle est une gageure. Je réalise que ma méthode est extrêmement vaste et complète. Le premier résumé écrit sur un cahier en style télégraphique fait déjà plus de deux pages.

Même si la mise en pratique de la méthode est simple, ce n'est pas le hasard si j'ai choisi de parler d'art de la guérison individuelle et non de technique. Guérir, transformer, libérer, relève de l'art : cela ne relève pas de techniques que l'on peut bêtement apprendre et répéter. Cela nécessite de sentir, de connaître et d'être, pour s'adapter en permanence.

L'art de la guérison individuelle touche à tout ce qui fait de l'homme un être humain et repose sur des principes naturels souvent méconnus. Il est question de vie, de pouvoir personnel, de conscience, d'énergie. Explorer l'art de la guérison individuelle, c'est répondre à des questions telles que «Qui sommes-nous ?», «Que sommes-nous ?», «Dans quel monde vivons-nous ?», «Qu'est-ce que la réalité ?». Dans mes stages, la part de l'enseignement est très importante, bien au-delà des outils.

Les quelques outils transmis ne constituent pas la méthode à eux seuls. Le plus important est de comprendre les principes de la vie, incluant les principes de la programmation et de la déprogrammation, de la transformation de l'énergie. Une fois que les élèves comprennent ce qu'on fait et comment, ils doivent aussi explorer un grand nombre de questions et domaines de leurs vies, afin d'avoir de nombreuses prises de conscience. L'enseignement d'une personne qui s'est déjà libérée est indispensable.

Ceci étant dit, je vais essayer de résumer les principes de l'art de la guérison individuelle. Tous ces éléments seront ensuite développés plus amplement dans les chapitres suivants.

But de la méthode

Il existe de nombreuses façons de définir le but de l'art de la guérison individuelle. Chaque stagiaire l'exprime à sa façon lorsque je lui pose la question «qu'es-tu venu chercher ?» au début du tout premier stage. Le but de la méthode est de permettre à chacun d'obtenir ce qu'il désire le plus et qui est exprimé régulièrement comme suit :

- être soi
- se sentir libre

- ne plus souffrir
- se sentir bien
- la paix intérieure
- la joie
- la simplicité
- guérir de son passé
- l'authenticité
- être capable de sentir l'amour, de donner et de recevoir
- assainir ses relations
- se libérer des attachements
- savoir faire des choix en accord avec ce qu'on est vraiment
- être capable de s'exprimer en toute simplicité
- vivre en harmonie avec les autres et la nature
- s'aimer
- lâcher prise, cesser de vouloir tout contrôler
- cesser d'avoir peur

Bien entendu cette liste n'est pas exhaustive. C'est le genre de choses que j'entends en stage. Cela ressemble à une liste au père Noël, mais c'est ce que désirent la plupart des gens. Peut-être que vous vous sentez concernés par certains de ces voeux ? C'est tout à fait naturel. Ce sont des souhaits simples, et légitimes. L'art de la guérison individuelle répond à l'ensemble de ces objectifs et à bien d'autres encore.

Il ne vous promet rien d'extraordinaire, ni de devenir riche, ni célèbre, ni de réaliser de grandes choses. L'art de la guérison individuelle a pour but de vous aider à devenir simplement vous-mêmes, qui que vous soyez, et à vivre votre vie le mieux possible, en toute simplicité. Ce faisant, il consiste à vous débarrasser de tout ce qui vous en empêche. Vous pensez à vos peurs, vos émotions, vos blocages et limitations, vos blessures, ce que vous appelez vos casseroles. Oui, bien sûr, tout cela, et plus encore... ce que j'appelle le programme individuel, qui regroupe tous les conditionnements.

Le but de l'art de la guérison individuelle est en quelque sorte le bonheur, mais pas un bonheur béat dans un monde de bisounours où tout serait toujours pour le mieux. Il s'agit de comprendre que le bonheur est avant tout un état intérieur, qui ne dépend pas des conditions extérieures. La souffrance sur terre ne disparaitra pas parce que vous allez changer, le monde autour de vous ne changera pas. L'art de la guérison individuelle ne vous promet pas de gagner au loto ou d'éviter les maladies ou accidents. Il a pour but de vous apprendre à vivre aussi bien que possible, et à éliminer la souffrance évitable, tout en gérant au mieux la souffrance inévitable quand elle arrive (je ne sais pas moi... une maladie, un accident, un décès, une fracture, un tremblement de terre, un contre-temps quelconque).

Le programme

Le travail à réaliser repose sur la prise de conscience du fait que les êtres humains ne perçoivent pas la réalité telle qu'elle est, mais filtrée par une forme de programme, qui correspond à tout ce qu'ils ont appris depuis qu'ils sont nés. Ce programme est le fruit du processus naturel d'adaptation à l'environnement.

Il ne s'agit pas d'un apprentissage intellectuel, mais d'une forme de conditionnement, qui au départ est la clé de notre survie.

L'enfant apprend à vivre, et comprend le monde à travers ses expériences. Cette compréhension n'est qu'une interprétation de la réalité, et non la réalité. Parfois, elle est totalement mensongère. Le programme qui en résulte est un mode de survie imparfait et qui sépare l'être de la réalité. Il est en grande partie inconscient.

Le programme contient tous les conditionnements qui entrainent automatiquement nos comportements et réactions. Certains de ces comportements gênent les gens, sont douloureux, constituent de véritables blocages, c'est pourquoi ils veulent s'en débarrasser. Cela est la source de toutes les recherches de thérapie, que l'on soit une personne jugée normale ou dans un état pathologique.

Les croyances

Les croyances sont en quelque sorte les unités de base du programme. Ce ne sont pas des idées ou des pensées mais des mémoires sensorielles. C'est la réalité pour vous. Ce que vous croyez avec vos tripes, toute votre foi. Le programme contient des croyances sur absolument tout : vous, le monde, les hommes, les femmes, ce qu'il faut faire, être, comment agir selon les circonstances, etc.

Le programme est le mode d'emploi de la vie que vous vous êtes fabriqué - dommage qu'on ne naisse pas avec un bon mode d'emploi à la naissance ! - , et les croyances en sont des éléments, des unités. Il existe des croyances de différents niveaux : primaire, secondaire, tertiaire, etc. Dans la pratique de l'art de la guérison individuelle il faudra trouver puis effacer un grand nombre de croyances.

Réversibilité

L'art de la guérison individuelle repose également sur le principe de la réversibilité du programme. La programmation qui résulte du processus d'adaptation de l'individu à son environnement est totalement réversible. Nous avons appris ce qu'était la vie, nous pouvons le désapprendre, et nous réadapter, du moment que nous réalisons vraiment que certains éléments du programme sont faux.

L'être reste adaptable toute sa vie, il peut se débarrasser de son programme totalement au fur et à mesure qu'il prend conscience que les croyances sont inutiles et néfastes. En effet, l'adaptation naturelle consiste alors à intégrer le fait que ce qu'on croyait auparavant est faux et inutile. L'art de la guérison individuelle consiste à aider l'être à s'adapter à la réalité et à se débarrasser de l'interprétation qu'il en a faite au fil de ses expériences.

Intégrité de l'être

Si l'on peut se débarrasser de son programme, c'est parce que l'on n'est pas ce programme. J'utilise ce terme «programme» volontairement depuis que j'enseigne l'art de la guérison individuelle car il représente bien la réalité : le programme n'est pas ce que nous sommes, d'une part, et d'autre part, il entraine des comportements automatiques, que la volonté ou la compréhension intellectuelle ne peuvent empêcher. La métaphore informatique est utile pour comprendre : le programme n'est pas l'ordinateur ni même le disque dur. Il peut être modifié ou effacé.

Non seulement l'être n'est pas son programme - par voie de conséquence il n'est pas non plus son comportement, ou ses émotions - , mais il est important de comprendre que le programme ne salit ni n'abîme l'être. Celui-ci ne peut être souillé par rien. Il est donc possible de se libérer complètement du programme et de vivre comme s'il n'avait jamais existé, exactement comme un ordinateur sur lequel on a procédé à un formatage. Cela demande bien entendu un gros travail.

Energie

Ne tombez pas dans le piège d'imaginer le programme comme des idées ou des pensées. En réalité, il était sensation au départ, et il est mémoire sensorielle maintenant en vous. Tout cela, c'est de l'énergie. Car tout est énergie, partout dans l'univers, aussi bien le siège sur lequel vous êtes assis, que l'étoile que vous regardez briller la nuit, ou l'émotion que vous ressentez.

Le programme, les croyances, les émotions, peuvent donc être appréhendées en tant qu'énergie. Comprendre et connaître la nature énergétique de toute chose est nécessaire pour transformer avec efficacité et aisance. L'Art de la Guérison Individuelle intègre cette dimension énergétique et c'est l'une des raisons pour lesquelles il est très efficace.

Transformation

La transformation du programme signifie une réelle modification au niveau énergétique. L'effacement d'une partie de programme signifie que l'énergie a été effacée, la mémoire n'est plus là (comme sur un ordinateur). Les conditions nécessaires à toute forme de transformation sont les suivantes :

• Etre capable de toucher ce qui doit être transformé.

• Avoir le pouvoir suffisant pour le transformer (cela représente une certaine quantité d'énergie).

• Avoir une intention claire (ce qui signifie qu'il n'y ait pas d'intention contraire ou contradictoire).

La maîtrise de l'art de la guérison individuelle passe par la maîtrise de ces trois éléments afin d'effacer le programme morceau par morceau.

Dans le cas du développement personnel, il faut ajouter que rien ne peut être transformé sans avoir été d'abord reconnu et accepté, ce qui revient dans ce cas au premier critère, «touché». Une personne ne peut se débarrasser d'une souffrance (appelons cela traumatisme) sans l'avoir d'abord regardée, acceptée, accueillie, reconnue.

En revanche de nombreuses parties de programme (croyances, accords, etc) peuvent partir sans qu'on sache vraiment ce qui s'en va. C'est ce que j'appelle partir avec l'eau de la lessive.

Pouvoir personnel

Votre pouvoir personnel est l'énergie dont vous disposez. Il s'agit bien entendu de votre énergie. Une partie de votre pouvoir est investie dans votre programme, vos croyances. Cette énergie est en quelque sorte bloquée, utilisée par le programme, et donc indisponible pour autre chose. Vous investissez votre pouvoir par votre foi : vous avez foi dans votre programme et vos croyances au point de ne pas vous rendre compte qu'il s'agit de croyances et non de la réalité.

Une personne qui efface une partie de programme récupère de l'énergie, de l'espace. Une personne qui n'a pas de programme a toute son énergie à disposition. Une personne qui a un lourd programme a généralement peu d'énergie, tout lui est difficile. Cela s'observe avec des personnes dépressives endogènes par exemple. L'art de la guérison individuelle vous permet donc de récupérer votre pouvoir personnel. Aussi étrange que cela puisse paraître, je pense que cela doit parler à de nombreuses personnes.

Intention

L'intention est la façon dont on dirige et utilise l'énergie. C'est une volonté profonde, consciente ou inconsciente. Quel que soit le travail réalisé, c'est l'intention qui agit. Cela est valable pour tout : toute forme de soin, de prière, de thérapie, de transformation, d'accord passé, etc. Que ce soit positif pour nous ou pas, c'est l'intention qui compte. L'intention n'est pas forcément conforme à notre volonté consciente.

Tout cela est valable pour ma méthode comme pour toutes les autres méthodes au monde, mais également pour la vie en général. Rien ni personne ne peut échapper à cette loi naturelle. Il sera donc de la plus grande importance dans la pratique de l'art de la guérison individuelle, de comprendre et maîtriser l'intention. Cela fait partie de l'enseignement qui est donné tout au long du cheminement des élèves.

Emotions

Les émotions sont des ressentis intenses et peu durables. L'être humain dispose d'énormes capacités à sentir, très mal connues et inexploitées. Les émotions ne sont qu'une petite partie des ressentis possibles. Le système émotionnel est un système adaptatif, lui aussi. Les émotions ont pour rôle de nous permettre de réagir de la bonne façon dans les situations rencontrées (en théorie). Cela serait possible si le programme n'interprétait pas la réalité de façon souvent erronée.

Lorsque nous ressentons une émotion c'est parce qu'en un instant nous avons perçu quelque chose de notre environnement, que nous avons analysé et interprété : par exemple un danger dans le cas de la peur. L'émotion nous informe que quelque chose se passe.

Cependant, notre interprétation n'est pas toujours réelle. Nous pouvons ressentir de la peur alors qu'il n'y a en réalité aucun danger, par exemple. Le programme filtre la réalité et est la cause profonde des émotions la plupart du temps, en ce qui concerne les humains occidentaux du vingt et unième siècle.

Exploration émotionnelle EXEM ®

L'art de la guérison individuelle nécessite d'identifier et toucher le programme que l'on souhaite effacer (cf transformation). Il ne faut pas se tromper, se raconter des histoires sur les problèmes qu'on a (ce que font les gens en permanence). Il faut trouver une partie de programme dont on est certain qu'elle soit réelle, présente en soi, la toucher, pour la transformer, plus tard, ou immédiatement.

Il est de la plus haute importance que la base du travail ne provienne pas de l'analyse, de l'activité mentale, intellectuelle. Le mental ne perçoit rien, il ne répète que ce qu'il a l'habitude de répéter, ce qu'il a entendu, lu et il peut donner l'apparence de la vérité à n'importe quel mensonge. Un travail de transformation efficace ne peut pas reposer sur une interprétation intellectuelle des comportements et des ressentis.

On peut utiliser les émotions pour découvrir le programme à condition de ne jamais sortir du ressenti. En effet, les émotions sont physiques, et le corps ne ment pas. Il réagit de façon automatique. Quelque chose se passe, le programme interprète cela, et il en résulte automatiquement l'émotion correspondant à cette interprétation. A partir de l'émotion on peut trouver le programme. L'exploration émotionnelle EXEM® telle que je l'ai pratiquée sur moi, et enseigné avec succès à des centaines de personnes correspond à ce processus. Elle est l'un des outils les plus essentiels à l'art de la guérison individuelle AGI®, ma méthode de déconditionnement et de développement personnel.

Inviolabilité

Je termine l'exposition succincte des principes de l'art de la guérison individuelle en précisant un élément très important, dont il faut tenir compte à chaque instant sur ce chemin de guérison et de libération.

Le programme est inviolable, la personne qui a créé son programme est celle qui peut l'effacer, il n'y a donc aucune intervention magique extérieure à attendre. D'autre part, la personne ne peut effacer son programme que lorsqu'elle le souhaite vraiment, et dans un ordre qui est inconnu de tous, y compris d'elle-même.

On ne peut contrôler ni prévoir la façon dont une personne va se libérer de son programme, dans quel ordre les choses seront effacées. Il n'y a aucune théorie à suivre sur ce point, aucun type de travail à réaliser dans un ordre, et aucun travail obligatoire pour tous. Il n'est pas question de «travailler sur son enfant intérieur» ou ce genre de choses.

Il ne faut rien provoquer. Aucune technique appliquée de façon systématique à une personne ne pourrait permettre l'effacement du programme. Cela pourrait même être dangereux. L'art de la guérison individuelle est une méthode que l'on suit pour se libérer mais chacun parcourt un chemin personnel différent de celui des autres et dont il est responsable, quelle que soit l'aide reçue.

L'art de la guérison individuelle repose sur le principe de vérité. Tout ce qui doit être vu et effacé est réel, actif et manifesté dans la vie quotidienne des personnes. Les situations rencontrées et les émotions ressenties montrent quoi travailler, à quel moment. Il n'y a pas de schéma de développement personnel qui puisse être suivi. Seule la méthode pour travailler doit être suivie, de façon stricte.

Par conséquent toute tentative de diriger le travail d'une autre personne, ou d'un groupe de personnes, selon un schéma établi, serait dangereuse et inutile.

Responsabilité de l'individu

Il est un principe qui découle de tout ce que je viens d'expliquer et qui ne doit jamais être perdu de vue dans l'enseignement et la pratique de l'art de la guérison individuelle : celui de la responsabilité. Toute personne est responsable de ses ressentis, de ses actes, de ses pensées.

Il n'est pas possible de changer vraiment sans cesser de chercher à l'extérieur de soi les causes de ses souffrances. Les autres ne sont jamais responsables de ce que vous ressentez. Tout au long du parcours AGI® il faut rester extrêmement attentif à cela. Si vous ressentez quelque chose, c'est en vous qu'il faut regarder. Si vous réussissez quelque chose c'est votre responsabilité et si vous ratez, c'est aussi la vôtre. Même les formateurs AGI® ou moi-même, ne pouvons être responsables de votre vécu.

Tant que vous tournerez votre regard à l'extérieur vous perdrez votre temps. Chaque fois que vous tournerez votre regard à l'extérieur, vous serez en train de faire fausse route.

Conclusion du résumé :

Ce résumé assez long constitue un aperçu général de l'art de la guérison individuelle. J'espère que cela vous donne envie d'aller plus loin, d'en savoir plus, et peut-être déjà de tester cette méthode. Vous vous imaginez sans doute que ce que je viens d'écrire a beaucoup d'implication, et peut-être que cela génère en vous quelques questions. Dans les chapitres suivants je vais expliquer certains aspects de l'art de la guérison individuelle de façon un peu plus approfondie.

⁂

Le programme individuel

Revenons sur le programme.

La majorité des gens qui me contactent le font car leur comportement ne correspond pas à ce qu'ils souhaitent. Au-delà, on peut même dire que leurs réactions, émotions, blocages leur donnent l'impression de ne pas être eux-mêmes, et de les limiter complètement. C'est comme si quelque chose d'autre qu'eux-mêmes les dominait et dirigeait leur vie. Avez-vous déjà ressenti cela ?

Certaines personnes expriment cela de façon très forte. Par exemple, il arrive qu'une personne exprime l'impression d'avoir un monstre en elle qui la dévore ou la possède. C'est fort, n'est-ce-pas ? Pourtant les personnes qui expriment ce genre de choses ne sont pas des malades mentales : elles ont une vie normale. Peut-être que certains lecteurs ont déjà eu ce genre de pensées. Mais nombreux seront ceux qui ont déjà eu l'impression de ne pas vraiment être eux-mêmes. Comme si ce qu'ils étaient vraiment était terré quelque part au fond d'eux, et assez différent de ce qu'ils semblent être dans leur vie quotidienne.

Quoi qu'il en soit, la plupart des gens ne sont pas satisfaits de ce qu'ils font ou sont, ressentent des peurs très nombreuses, des attachements multiples (à des personnes, des choses, des idées, des valeurs, un statut social, etc), des blocages, et croient ne pas pouvoir être ou faire ce qu'ils veulent vraiment. Les émotions sont généralement considérées comme la cause des problèmes. La plupart des gens pensent que pour changer il faut maîtriser leurs émotions. C'est une erreur. Nous le verrons plus précisément au chapitre consacré aux émotions.

Je remarque que la vie de la plupart des gens est assez compliquée, entre ce qu'ils pensent, ce qu'ils ressentent, ce qu'ils croient devoir faire, ce qu'ils ont envie de faire, etc. Certes c'était comme ça aussi pour moi quand j'étais jeune, avant que je travaille sur moi et me libère de mon programme.

Le programme est la cause de toutes ces complications, la cause des réactions et comportements non souhaités. La plupart des situations rencontrées activent le programme, en quelque sorte. Toute situation est analysée (très rapidement et inconsciemment), il s'en suit une réaction automatique qui dépend des événements rencontrés dans le passé. Au fil de toutes nos expériences nous avons appris à comprendre, interpréter le monde et les situations, et pouvons y réagir automatiquement, rapidement.

Le programme dont on parle dans l'art de la guérison individuelle est un programme de survie, fruit du processus d'adaptation de tout être humain. Les autres animaux sont également dotés d'un programme qui dépend de leurs capacités cognitives, c'est à dire de leurs facultés à ressentir et à interpréter la réalité, de leurs gènes, et de leurs expériences. Notre programme dépend des expériences que nous rencontrons, de notre façon de les interpréter, de nos ressentis et de nos gènes. Le programme est le résultat d'un apprentissage dont une toute petite partie provient de l'éducation.

Lorsque le bébé naît, il ne sait rien sur le monde, mais a toutes les aptitudes pour ressentir, et entrer en communication avec celui-ci et les êtres qui l'habitent. Dès les premières minutes, il commence à apprendre sur le monde qui l'entoure, sur les personnes qui s'occupent de lui, comment ils se comportent et les résultats que produisent ses comportements à lui (pleurer = on me prend dans les bras, on me nourrit).

A cet âge, l'activité mentale du bébé est très peu développée. Il ne dispose d'aucun mot pour décrire ce qu'il ressent ou pour se dire les choses. Il ressent, comprend intuitivement, et cela suffit à créer le programme. Le programme n'est pas constitué de pensées ou d'idées. Il ne l'est pas plus pour ses parties créées à des âges plus avancés. L'origine du programme dont nous parlons dans l'art de la guérison individuelle est d'ordre sensoriel. Le programme est constitué d'empreintes sensorielles enregistrées qui conditionnent les comportements futurs.

Le programme n'est sûrement pas dans la tête. Nous n'avons pas besoin de savoir où il se situe. Il est probablement dans tout notre corps mais aussi dans notre esprit. L'essentiel est de comprendre qu'il n'est pas mental. En effet, le mental ne perçoit ni ne comprend rien du tout, il ne fait qu'assembler des choses pour les rendre visibles, concrètes (phrases, images, etc). De mon point de vue le mental est une activité, simplement, une fonctionnalité commune aux êtres qui ont une certaine capacité d'abstraction.

Ce qu'il faut comprendre c'est que les programmations qui sont la source de vos blocages et comportements indésirables sont le résultat d'une tentative de vous adapter au mieux à votre environnement et aux expériences que vous avez rencontrées au cours de votre vie. Ce processus d'adaptation est naturel et automatique, en grande partie inconscient. Vous ne pouvez donc pas en être coupable. C'est très important dès le début de la pratique de l'art de la guérison individuelle, de bien comprendre qu'il n'y a aucune culpabilité à ressentir concernant les réactions automatiques que l'on a, ou même le programme en lui-même.

Vous avez fait ce que vous avez pu. Vous avez toujours fait de votre mieux. Vous vous êtes adapté aux situations en fonction de votre sensibilité, de votre capacité à comprendre, et de vos gènes. Vous ne pouviez pas faire mieux, étant donné toutes les circonstances et conditions. Une autre personne aurait réagi différemment - ce qui revient à dire qu'elle aurait un autre programme que le vôtre. En effet, chacun a un programme qui est unique et qui est le résultat d'un grand nombre de conditions et circonstances :

- sa sensibilité propre
- ses capacités propres
- son énergie propre
- les environnements dans lesquels il vit
- les personnes qu'il rencontre et leurs comportements
- les expériences qu'il vit
- l'éducation qu'il reçoit

• la culture de la société dans laquelle il vit, celle de sa région, de sa famille, tout son environnement culturel

Le programme de chacun est donc unique. Cependant, on peut trouver des parties de programmes qui se ressemblent ou sont partagées par plusieurs personnes, en particulier d'une même culture. Par exemple, les petits Français ont à peu près suivi la même éducation scolaire (qui les ont programmés aussi, eh oui!), ont regardé les mêmes dessins animés (!), écouté la même musique, vu les mêmes films et baigné dans la culture des Français, c'est-à-dire des croyances partagées et véhiculées par un grand nombre de Français. Si vous doutez de la véracité de ce que j'écris, il vous suffit d'observer les grandes différences dans la façon de voir les choses entre un Anglais et un Français.

Le programme dont nous parlons dans l'art de la guérison individuelle, c'est tout cela : quelque chose de vaste, qui est présent dans tous les domaines de la vie, qui motive inconsciemment nos réactions, nos comportements et par la même, beaucoup de nos choix. La notion de liberté individuelle est mise à mal. En effet, nous nous sommes adaptés à la vie comme nous avons pu : cela n'a pas été un choix. De plus, nos choix tant que le programme est présent sont le fruit de conditionnements, dont la plupart sont inconscients.

Effacer le programme c'est retrouver la liberté individuelle.

Lorsque nous trouvons le programme, ou plutôt une partie du programme, nous sommes confrontés aux empreintes sensorielles d'origine, aux mémoires. Cela n'a rien de mental, et cela n'est pas logique ou cohérent. Le programme n'est pas cohérent : il n'a pas été pensé. Il n'est pas rationnel, mais - j'insiste - il n'est même pas cohérent, il contient des paradoxes et des contradictions. Cela est dû au fait qu'il a été créé morceau par morceau au fil des expériences et non comme un tout. Il n'a pas été pensé, c'est sûr, il ne s'agit que d'empreintes sensorielles, d'impressions, d'émotions, vécues et enregistrées.

Il est important pour tout être vivant d'être capable de tirer des leçons de ses expériences, d'enregistrer des informations sur son environnement, et sur le résultat de ses comportements. C'est une question de survie, je le répète. J'aimerais que nous, humains, cessions de nous croire différents des autres animaux et de croire que l'intellect est la chose la plus importante, celle qu'il faut développer et utiliser pour bien vivre. De mon point de vue, dans la vie, rien de ce qui est vraiment important ne provient de l'intellect. Aussi intelligents et éduqués soient-ils, les gens ne réagissent pas en fonction de ce qu'ils savent avec leur tête, mais sur la base de ressentis et de conditionnements qui sont de l'ordre du «tripal» (je sais bien que ce mot ne figure pas dans le dictionnaire de la langue française).

Je rencontre le plus souvent des gens très intelligents, et pour la plupart, ils ont reçu une bonne éducation. Cependant, ils constatent très rapidement la limite de l'utilité de leur intelligence et de leur capacité à réfléchir : cela ne leur permet pas de changer leurs réactions et comportements. On peut avoir un très gros QI et avoir été dans les meilleures écoles et être totalement démuni dans la vie, pour gérer les sentiments, les émotions, s'exprimer, être en relation, etc.

Je ne néglige pas l'intérêt de l'intelligence, et elle vous sera bien utile pour comprendre ce dont je parle dans ce livre, mais il faut bien réaliser que la réflexion, et la raison, ne sont pas suffisants dans le cadre de l'art de la guérison individuelle. Si vous voulez changer, il vous faudra explorer d'autres voies, d'autres moyens. Etes-vous d'accord ?

Vous commencez peut-être à vous dire que tout cela n'est pas très concret. C'est un comble car l'art de la guérison individuelle est un travail totalement concret. Il vous serait facile, cependant, de trouver vous-même des exemples pour illustrer ce dont je parle depuis le début du livre.

Pensez à ce que vous ressentez habituellement dans des situations telles que :

- un rendez-vous amoureux
- un décès dans votre famille
- un entretien d'embauche
- une occasion de parler en public
- un nouveau projet à mettre en place
- un produit à vendre
- la rencontre d'une nouvelle personne, de sexe féminin
- la rencontre d'une nouvelle personne, de sexe masculin
- l'idée d'un accident arrivant à un proche, ou à votre enfant.
- un découvert à la banque

• votre mère qui vient habiter chez vous pour deux semaines

Ce que vous ressentez provient de votre programme. Si vous effacez les parties de programme concernées, les émotions que vous ressentez habituellement disparaitront, vos comportements changeront, durablement. Tout cela est très concret. Imaginez ce que représente le fait d'effacer tout le programme. Effacer un petit bout de programme représente un petit changement, sur une petite partie de votre vie, certaines situations. Mais effacer tout le programme, c'est un peu comme si on pouvait totalement changer le système d'exploitation d'un ordinateur.

Par exemple, si vous vous sentez angoissé, bloqué, lorsque vous devez parler en public, cela n'arrivera plus à partir du moment où vous aurez effacé tout le programme qui est lié à ce ressenti. Au fil de ce chemin qu'est l'Art de la Guérison Individuelle, tout votre vécu change, devient plus simple, plus aisé. Et comme vos comportements changent, votre personnalité apparente se modifie, car elle n'est pas ce que vous êtes vraiment, évidemment. Cela peut donner l'impression d'être une autre personne, mais en réalité, vous êtes toujours la même personne, au fond. Simplement et heureusement vous êtes capable de vivre en accord avec ce que vous êtes vraiment, alors que vous ne l'étiez pas auparavant. C'est un changement considérable, une métamorphose.

⁂

Tout ce que l'on ressent provient-il du programme ? Non. Mais une très grande partie de ce que l'on ressent, tout de même. Pour un occidental de notre époque, la plupart des émotions proviennent de son programme. Cependant le fait de se libérer de celui-ci ne supprimera ni tous les ressentis ni même toutes les émotions. Certaines personnes ont un idéal (généralement spirituel) qui consiste à rechercher un état où il n'y aura plus d'émotions. Cela n'existe pas. Tout être humain fut-il éveillé, ressent des émotions.

L'important pour l'art de la guérison individuelle sera de savoir discerner les émotions «normales» et celles provenant du programme. Pour simplifier, il faut par exemple différencier la peur normale ressentie face à un danger réel (une personne pointe une arme sur vous, par exemple), et celles qui sont liés à des dangers imaginaires, c'est-à-dire des peurs ressenties uniquement du fait d'une interprétation erronée de la réalité.

Bien entendu un danger réel n'oblige pas à ressentir de la peur, mais il est naturel de la ressentir et cela n'est pas gênant dans la vie. Si vous ressentiez des peurs uniquement face à des dangers réels, vous n'auriez pas souvent peur, car notre vie moderne est finalement très sécurisée, comparée à une vie dans la nature.

Revenons sur ce que sont les émotions, car c'est très important de le comprendre. J'ai pu observer que la plupart des gens ne savent pas de quoi il s'agit, en ont souvent peur, ne savent pas les gérer, confondent émotions et pensées, mais également sentiments et émotions, et souvent les différentes émotions entre elles. J'ai récemment constaté que beaucoup de personnes pensaient avoir des peurs qui n'en sont pas, mais qui sont en fait de la tristesse, ou bien simplement des peurs qu'ils pensent avoir, car tout le monde les a, car il faut les avoir pour être comme tout le monde.

La situation est assez grave en matière de compréhension et de gestion des ressentis humains. Nous sommes des êtres sensibles, mais à aucun moment nous n'apprenons à comprendre et à gérer ce que nous ressentons. Cela est l'une des raisons principales pour lesquelles on me contacte. Soit les personnes pensent que leurs ressentis ne sont pas normaux, soit elles pensent que cela relève d'un don (beaucoup pensent que leur empathie ou leur intuition est exceptionnelle, c'est assez risible), soit elles n'arrivent pas à les gérer, soit elles souhaitent qu'ils changent. En fait tout tourne autour des ressentis. Pourtant notre société n'en fait pas grand cas.

L'art de la guérison individuelle, s'il est pratiqué de façon sérieuse et sur un long terme - et non simplement en touriste -, permet d'explorer toutes les formes de ressentis humains, qui se situent à plusieurs niveaux et ont des utilités différentes. Les émotions cependant sont ceux dont nous nous servirons le plus, dès le début, voire dès le premier stage ou le premier rendez-vous.

Les émotions sont des ressentis intenses et peu durables qui apparaissent automatiquement en réaction à des situations rencontrées.

Les émotions ne doivent pas être confondues avec des pensées : les émotions sont physiques, elles ne sont pas le fruit de l'activité mentale. Lorsqu'une émotion arrive, vous avez des ressentis physiques déterminés et reconnaissables, qui varient selon le type d'émotion. Par exemple pour la peur, une boule au ventre, le coeur qui accélère sous l'effet de l'adrénaline.

Les émotions ne doivent pas être confondues avec les sentiments. Ceux-ci sont moins intenses et durent plus longtemps. Si vous vous sentez triste quasiment en permanence, ce n'est pas une émotion.

Les émotions font partie de nos fonctionnalités et de notre système adaptatif. Les émotions informent l'individu sur ce qui se passe dans son environnement direct, tout en lui permettant de réagir de façon adaptée...dans l'idéal, bien entendu. Dans la pratique, vous aurez constaté que vos émotions vous empêchent souvent de réagir au mieux. Mais c'est pourtant leur rôle. Reprenons notre exemple de la peur «naturelle». L'individu perçoit un danger, la peur se manifeste par une montée d'adrénaline qui doit lui permettre de fuir ou de se battre.

Dans votre vie, les peurs sont souvent des réactions à des dangers irréels, et vous empêchent de faire ce que vous voulez faire, ou créent des réactions inadaptées. Vous pouvez le constater par exemple dans les relations : la peur de perdre l'autre entraine des comportements inadaptés, qui mettent la relation en danger.

Les émotions sont des signaux qui vous indiquent qu'il se passe quelque chose. Elles sont naturelles, utiles et même indispensables.

Que faut-il faire des émotions ?

Par conséquent, il faut les traiter avec respect et y prêter grande attention. Dans l'idéal il faut les explorer afin de trouver les causes de leur présence et donc de pouvoir changer réellement. Sans les émotions, nous ne pouvons pas faire de développement personnel.

La plupart des gens ne savent pas gérer leurs émotions et choisissent, consciemment ou inconsciemment, de les refouler, les fuir, les juger, les mettre à distance. Dans leur vie quotidienne, cela revient à chercher à détourner son attention, par exemple en jouant à un jeu tout en regardant la télévision. Lorsqu'ils décident de s'occuper d'eux, de changer, ils tentent souvent de les supprimer ou des les maîtriser. C'est justement ce qu'il ne faut pas faire. Non seulement ce genre de traitement des émotions nous ôte toute chance de nous libérer du programme, et de changer notre comportement et notre vie, mais c'est aussi la cause de nombreux maux, y compris physiques.

J'aborderai ce sujet plus amplement dans mon livre sur les soins. Mais sachez dès à présent que ne pas écouter vos ressentis et vos émotions, entraine de nombreuses douleurs et maladies. Lorsqu'un problème n'est pas traité, lorsque l'on nie son état intérieur, alors le problème s'exprime tout de même, dans le corps en général. Tout notre système sensitif n'est pas là pour rien. Il doit nous permettre de rester en vie et en bonne santé, en nous indiquant ce qui ne va pas. Il faut en tenir compte.

Je me suis rendu compte que la plupart des gens ne savent pas ce qu'ils ressentent, et ne sentent pas vraiment ce qu'ils ressentent. C'est incroyable d'en être là. Dès qu'on travaille un peu en profondeur on se rend compte que tout est confus et que les gens ne sont pas proches d'eux-mêmes, ils ne savent pas ce qui se passe en eux. Comment pourraient-ils aller bien ou changer leur vie ?

Note : les personnes qui sont totalement coupées de leurs émotions relèvent de soins. Il n'est pas possible de travailler sur soi sans ressentir ses émotions. Il faut donc reconnecter ces personnes à leurs émotions. Cela peut être très violent car ce n'est pas le hasard si une personne est déconnectée de son système émotionnel. Cela fait aussi partie de son programme de survie. Cela est arrivé car les ressentis étaient ingérables pour elle. Il faut donc vérifier que cette re-connexion est bien demandée, comprise, justifiée et faisable dans de bonnes conditions (suivi). Dans les paragraphes précédents je ne parlais pas particulièrement de ces personnes mais bien de tout le monde.

⁂

L’exploration émotionnelle (ou EXEM)

L’exploration émotionnelle a été la base de mon propre développement personnel. C’est la clé de l’art de la guérison individuelle. Découvrir comment gérer les émotions, et comment toucher à travers elles la cause des problèmes, puis les transformer, est un miracle en terme de libération.

La condition sine qua non de la transformation personnelle est d’être certain que l’on travaille bien sur quelque chose qui est en nous. Les gens pensent savoir beaucoup de choses sur leurs problèmes, et ils se trompent la plupart du temps. C’est seulement en utilisant une pratique qui ne fait appel à aucun savoir ou compréhension et qui nous maintient dans le réel continuellement que l’on peut être certain que ce qu’on trouve dans ce travail existe réellement.

C’est pourquoi beaucoup de personnes qui ont réfléchi sur leurs problèmes, tenté de les comprendre et de les analyser se trompent complètement. Souvent quand une personne me parle de ce qui l’amène, je peux sentir le poids de ses lectures, des théories psychologiques, ou encore de divers courants de croyances spirituelles, y compris des voies ésotériques à la mode. En résumé, la personne croit ce qu’on lui raconte sur ses problèmes, et croit aussi ce qu'elle se raconte elle-même. Mais ce n'est en général pas la réalité, qui est d'ailleurs la plupart du temps plus simple que ce que la personne imagine.

Les émotions sont réelles parce qu'elles sont physiques. Le corps ne ment pas. Les émotions sont automatiques et non contrôlées. Elles sont là, on ne peut les nier, et si elles sont là, il y a des raisons. On est dans le réel. La réalité s'impose à la personne de façon souvent douloureuse et elle préfèrerait que cela ne soit pas le cas. Malgré ses efforts pour fuir ce phénomène, les émotions et leurs causes sont tellement réelles qu'on ne peut y échapper.

L'exploration émotionnelle EXEM® est un outil très efficace que j'ai mis au point (tout d'abord en le pratiquant sur moi-même) qui permet de trouver des parties de programme, donc la source réelle des problèmes, en partant des émotions.

L'exploration émotionnelle EXEM® peut paraître difficile aux débutants et parfois encore aux élèves avec de l'expérience. En effet, elle va à l'encontre des réflexes acquis toute sa vie. De plus elle demande un minimum de calme mental, et la capacité à rester dans le présent. Bien entendu on peut pratiquer avec succès sans maîtriser tout cela.

Mais alors c'est plus lent, il y a des ratés, on doit reprendre la piste des émotions régulièrement après l'avoir perdue.

Ce n'est pas grave, les résultats sont là tout de même. Mais sachez qu'une personne entrainée, qui a pris l'habitude de vivre en étant tout le temps consciente de ce qui se passe en elle, centrée sur elle-même, et qui n'a plus peur de ses émotions, peut pratiquer l'exem® en quelques secondes, et même en vaquant à ses occupations.

La liste suivante résume le processus de l'exploration émotionnelle. Tout le déroulement de l'exem® demande à rester dans le ressenti en permanence, ou si on part dans le mental, à y revenir le plus vite possible.

1 - Accepter qu'il y ait de la souffrance.

2 - Se rappeler : « il y a des causes à ma souffrance», et «ce n'est pas ce que je suis, ma nature».

3 - Générer de la motivation : vouloir se débarrasser de la souffrance, et du programme, cause de la souffrance.

4 - Partir d'une émotion ressentie dans une situation précise, vécue récemment (pas une situa-

tion d'il y a 10 ans ou même un an). Ecrire en une phrase ou deux cette situation sur son cahier (on doit pouvoir écrire quand cela est arrivé précisément). Nota Bene : il est possible et conseillé de pratique l'exem® au moment où l'émotion apparaît, ce que j'appellerais «en direct live». Mais dans la pratique les élèves ne peuvent pas souvent le faire. Par exemple, s'ils sont au travail ou même avec des amis, ils n'ont pas l'intimité et le temps nécessaire à une exploration émotionnelle.

5 - Se focaliser sur le ressenti, essayer de le sentir mieux, de le préciser. Au lieu de fuir, plonger dans l'émotion, dans le ressenti. Accepter ce qu'il y a, on a le droit de ressentir ce que l'on ressent. Ne pas avoir peur. Les émotions ne sont pas dangereuses.

6 - Ecrire sur son cahier le fil de l'exploration. Faire des phrases courtes qui expriment le ressenti. Ecrire sur son cahier «je sens que». Les phrases longues traduisent le fait qu'on n'est plus dans le ressenti.

7 - Il est important de prendre le temps de bien sentir, et de préciser le ressenti autant que possible. Précisions : «qu'est-ce que ça me fait ?» «c'est comme ...» Bien prendre le temps de ressentir, ne pas sauter tout de suite aux conclusions,

comme on a tendance habituellement à le faire. Le piège est de se dire «ah oui ça je connais, j'ai déjà vu». Les gens qui font cela ne réussissent pas l'exploration émotionnelle, et de fait, ne réussissent pas à avancer au-delà de ce qu'ils «savent» ou croient savoir. Il faut continuer scrupuleusement l'exploration et ne jamais faire autre chose.

8 - Les croyances viennent spontanément, se manifestant comme des évidences. Comment elles se présentent ? «je crois que», «oui mais» «parce que». La forme spontanée n'est pas forcément «je crois que». Une croyance est également un ressenti, que l'on traduit ensuite par une phrase commençant par «je crois que». Par exemple, la personne sent le besoin de se protéger. Elle écrit «je dois me protéger». C'est une croyance. Pour celui qui pratique l'exem®, les croyances sont la vérité, car il croit vraiment.

9 - Prendre du recul et réaliser que ce qu'on croit n'est pas la réalité. Ce n'est qu'une croyance. Se dire qu'on a appris à croire ça, qu'il y a une blessure, une empreinte, quelque chose à soigner, à effacer. Prendre du recul. Observer la souffrance générée par la croyance.

10 - Envoyer de l'amour sur la souffrance qu'on a trouvée, comme on le ferait à une autre personne en soin (méditation de compassion).

11 - Accepter qu'on ne puisse pas toujours aller au bout d'une exploration émotionnelle, parce qu'on n'est pas encore prêt à voir certaines choses, ou parce qu'on n'est pas assez entrainé. Alors il suffira soit de la reprendre, soit d'attendre une autre émotion. De toute façon tant que le programme est là, il se manifeste. Il y a donc maintes occasions de trouver ce qu'on n'a pas encore trouvé cette fois. Même si on n'a pas été au bout de l'exploration, ce qu'on a trouvé est déjà important et utile pour avancer. On va pouvoir travailler dessus.

Chacun des points listés ci-dessus a des implications très profondes. En stage, il est important de passer du temps sur chacun de ses points. Même après des années de pratique, un ou deux points peuvent être problématiques. Le point numéro 1, par exemple (accepter qu'il y ait de la souffrance) est un gros morceau. Si on reprend point par point les conditions de l'exem® on se rend compte qu'il y a de quoi faire

L'exploration émotionnelle permet de travailler sur tout cela. C'est énorme !

Dans la pratique de l'exem® tout ce qui apparait et relève d'explication/discussion sur ce qu'on ressent n'est pas de l'exploration émotionnelle. Dès qu'on part dans le mental ainsi, il faut stopper et revenir à la dernière émotion ressentie. Sortir de l'intellectualisation du vécu est la chose la plus difficile pour la majorité des gens. Ils ont le réflexe de parler de leur ressenti, ou de la situation vécue, voire d'expliquer, argumenter («parce que tu comprends c'est pas normal, elle se conduit toujours ainsi, et cela me rappelle mon père, etc etc», tout cela n'est que perte de temps). Il est nécessaire de s'entrainer pour ne plus se laisser aller aux explications/discussions, qui sont inutiles et même contraires au travail.

De même l'EXEM® n'est pas revivre la situation où l'on a ressenti la situation. Cette situation est passée, elle n'a aucune importance en elle-même. On ne s'intéresse qu'à la première émotion ressentie, et ensuite on l'explore (l'émotion). Cette exploration nous mène très loin de cette première émotion, et surtout de la situation qui l'a fait naître. Lorsque l'on parcourt le fil de l'exem, on trouve d'autres émotions, et des croyances, qui étaient là de toute façon mais dont on n'avait pas conscience sur le moment. L'émotion de départ n'était que la surface de ce qui se passait en nous.

Lorsque l'on maîtrise l'EXEM® et qu'on a donc bien compris les points listés plus haut, qu'on est capable de les vivre, alors cela change complètement notre vie.

Il est inutile que je développe plus, car il n'est pas possible de bien pratiquer l'exem® sans recevoir un enseignement adapté, venir en stage, et pratiquer à deux pour s'entrainer.

⁂

Réversibilité : rien n'est irrémédiable

L'être véritable - la nature profonde de l'individu - n'est ni atteint ni changé vraiment par le programme, les traumatismes, le vécu en général. L'individu s'adapte mais cette adaptabilité est réversible. Ce n'est pas toujours facile d'effacer certains conditionnements mais c'est possible.

Sur le plan spirituel, il m'est évident que la nature profonde de l'être n'est en rien souillée ou modifiée par le vécu. C'est très tôt dans mon expérience d'écoute que j'ai pu réaliser cela. En écoutant bien, on arrive à dépasser l'aspect extérieur d'une personne qui est dérangée sur le plan psychique, les «couches» de son mal-être intérieur, on arrive à entrer en contact avec son être profond qui n'est pas différent de celui d'une personne qui va bien. Cela peut être utilisé pour aider les gens, en particulier dans les soins.

Le programme, les traumatismes, ce sont comme des habits que l'on porte. Même s'ils sont très sales, s'il y en a de multiples couches, et s'ils collent à la peau, ce ne sont que des vêtements, et non ce que nous sommes. Il est possible de les enlever, un à un. Si le programme était tant soit peu ce que nous sommes, nous ne pourrions jamais nous en débarrasser, ne serait-ce que d'une infime partie.

Vous avez connu beaucoup de changements dans votre vie, - des bons et des moins bons - et vous en connaîtrez encore beaucoup d'autres. La règle principale de la vie, c'est le changement. Tout change en permanence. L'être humain existe encore aujourd'hui en 2015, car il a une grande capacité d'évolution, de changement, d'adaptation. Rien ne peut empêcher cela ou le stopper. Lorsqu'une personne semble stopper, rester immobile, il finit par arriver quelque chose qui l'oblige à changer, pas toujours de façon agréable, d'ailleurs.

Vous devriez donc être rassuré sur le fait que, quoi que vous ayez pu vivre, rien n'est irrémédiable. Il faut parfois du temps pour effacer certaines choses (mais le temps à lui seul n'efface rien, au contraire), mais c'est toujours possible si on sait comment s'y prendre. La méthode AGI® est là pour vous aider, si vous êtes motivé pour vous aider vous-même en premier lieu.

Je sais que l'on entend souvent dire que l'on ne pourra jamais se remettre de ci ou ça, mais c'est faux, à moins qu'on n'ait pas envie de s'en remettre. Les gens trouvent tout un tas de bonnes raisons pour ne pas aller de l'avant, pour rester accrochés au passé, pour ne pas pardonner, à eux-mêmes et aux autres. Bien entendu ces raisons font partie de leur programme. C'est le programme qui les leur dicte.

Quand vous ne pouvez pas pardonner, accepter, alors cherchez ce qui est inacceptable pour vous et vous trouverez des croyances acquises. La sensibilité de la personne influe aussi sur la façon de traiter les événements, les traumatismes. Certains ont naturellement plus de mal à effacer le passé. C'est vrai, nous sommes tous différents, et c'est d'ailleurs pour ça que nos programmes sont différents. Ils correspondent à la façon dont nous avons été capables de nous adapter. Mais il n'est rien dans la nature de quelqu'un qui l'empêche vraiment de se libérer du passé. Ne cherchez pas d'excuses !

⁂

Se focaliser sur le présent

Lorsque l'on parle développement personnel, ou de travail sur soi, les gens sont généralement très axés sur le passé. En revanche, l'Art de la Guérison Individuelle est focalisé principalement sur le présent. Pourquoi ?

Parce que le programme est «au présent». Tout ce qui vous gêne dans votre vie est présent, ici et maintenant. Ce n'est pas le passé qui cause vos blocages. Le passé n'existe pas, il est mort depuis longtemps. C'est le programme ici et maintenant, ce qu'il y a en vous ici et maintenant, qui crée votre vécu présent.

Votre programme se manifeste chaque jour à chaque instant. Comme le système d'exploitation d'un ordinateur, il tourne tout le temps et gère toutes vos perceptions et réactions. On peut le trouver en se fondant sur votre vécu présent, et sur rien d'autre. Or ce programme n'est pas le passé. Ce que l'on trouve à effacer n'est pas du passé. Le passé n'existe plus. Ce qui existe c'est un programme de fonctionnement, un système d'exploitation, ici et maintenant.

Les croyances ne sont pas du passé, et ne sont même pas forcément liées à un événement passé.

Il n'est pas toujours possible de lier une croyance ou une partie de programme à un ou plusieurs événements. C'est pour cela que dans l'art de la guérison individuelle, on ne cherche pas des événements passés mais bien des croyances, des parties de votre programme. Si un événement marquant est lié à ces croyances et constitue un traumatisme à guérir, il apparait à la conscience automatiquement, il n'est pas nécessaire de le chercher ou de réfléchir à son passé.

Le vécu est présent, il suffit de plonger dans le ressenti pour trouver le programme. Des souvenirs peuvent remonter, mais ce n'est pas automatique, ni ce qu'on recherche. La méthode AGI n'encourage pas du tout à ressasser le passé ou même à chercher à le comprendre, ou à en parler.

On n'aborde un événement passé que lorsqu'il apparait clairement et spontanément au cours d'un travail sur un ressenti présent. Le passé n'est pas intéressant. Au contraire parler de votre passé, vous y intéresser, contribue à renforcer votre histoire personnelle, à lui donner de l'importance. Le travail consiste à se débarrasser de son histoire personnelle. Il est vraiment néfaste de passer son temps à regarder et à raconter son histoire, l'histoire du personnage que l'on croit être.

Se débarrasser de l'attachement à son histoire personnelle est indispensable pour pouvoir se libérer, guérir vraiment et vivre libre. Tant qu'on est attaché au passé on continue à souffrir car on ne peut pas effacer le programme. En réalité votre passé n'existe plus, par conséquent la chose à laquelle vous êtes attaché, c'est de la souffrance provenant du programme en lien avec ce passé, ce sont des souvenirs, ce sont peut-être des images auxquelles vous tenez, des images de vous, ou un sens que vous croyez que ce passé donne à votre vie. En bref, c'est beurk.

Rester dans le présent le plus que l'on peut, sans penser au passé, sans se projeter dans le futur est l'une des clés du bonheur et de la libération personnelle. Dans l'art de la guérison individuelle on utilise des outils pour perfectionner sa capacité à rester dans le présent. Lorsque le passé montre son nez, car des traumatismes doivent être guéris, on doit d'abord bien regarder si on n'est pas attaché à ce passé, ensuite on peut s'en débarrasser.

Si vous êtes tant soit peu attaché à un passé, ou à une souffrance, vous n'êtes pas prêt pour l'effacer. Dans ce cas travailler d'abord sur l'attachement est le moyen de progresser, avant de passer à la transformation. Cela fait ressortir des parties de programme, car si on est attaché, c'est aussi à cause du programme. Par exemple, une personne peut croire que son passé la définit, ou bien que si elle va mieux elle va se retrouver seule, que personne ne s'intéressera à elle. Elle peut aussi croire que se détacher de son histoire c'est trahir sa famille, etc. Tout cela c'est du programme !

⁂

Conscient et inconscient

Il parait qu'on peut écrire des livres de mille pages sur l'inconscient. Cela me semble incroyable. C'est peut-être le fait que «inconscient» signifie inconnu pour la plupart des gens qui permet autant d'hypothèses, de théories, d'élucubrations en tout genre sur le sujet.

Je suis peut-être une fille simpliste, je ne sais pas. Mais pour moi l'individu est Un, il n'est pas séparé en parties et sous-parties qui seraient je ne sais où. L'être est un tout. Et l'être est vaste, profond. Il est impossible d'être conscient de tous ses aspects et de tout ce qu'il contient en même temps avec notre petit cerveau. Il n'est même pas possible de se souvenir de tout notre passé en même temps, vous l'admettrez.

Quant aux sens, aux perceptions, il est tout aussi impossible d'être conscient de tout ce que nos sens perçoivent. Pourquoi ? Parce que sinon on ne pourrait être efficace. Il est nécessaire de laisser de côté ce qui n'est pas utile ou ce qui est dangereux ou dérangeant, afin de vivre, de survivre, même. Même si certains se prennent pour de purs esprits, nous ne sommes que des animaux.

Petite blague à part, si vous vivez à Paris et que vous voulez survivre il vous faut oublier un grand nombre de perceptions sensorielles, telles que les odeurs, le bruit, etc. Votre cerveau perçoit tout cela, mais vous n'en êtes plus conscient, fort heureusement.

A la base, cette histoire de conscient/inconscient repose sur le fait que l'on ne doit pas être conscient de tout pour bien fonctionner. Pour être efficace et agir de manière adaptée aux circonstances il faut être capable de focaliser son attention sur ce qui est important et utile au moment présent. L'attention est la façon dont la conscience choisit de se focaliser. C'est d'ailleurs pour cela qu'il est si important de pratiquer la méditation, afin que notre conscience nous appartienne le plus possible et d'être capable de se focaliser sur les bonnes choses et non sur des choses irréelles ou inutiles, notre attention étant captée continuellement (distractions).

Je reprends : notre être sait énormément de choses, a connu énormément d'expériences qu'il a mémorisées, et interprète la réalité en permanence sans que nous en soyons conscient, parce que sans cela nous ne fonctionnerions pas.

Les choses qui ne sont pas conscientes sont donc inconscientes. De mon point de vue il n'existe aucune entité que l'on puisse appeler l'Inconscient. L'être dépasse la conscience, simplement, et amène à la conscience ce qui lui est utile. Certes ce qui est inconscient est bien plus vaste que ce qui est conscient, exactement comme pour cet ordinateur que j'utilise à l'instant : apparaît un texte sur l'écran, et je ne vois que ça, pourtant de nombreux processus sont en cours dans cette machine que je ne peux percevoir.

Pour un être humain, les choses qui sont inconscientes le sont :

- soit parce qu'elles sont inutiles au moment présent.

- soit parce qu'elles sont néfastes, dangereuses, ingérables pour la personne à ce moment t.

Ce processus est nécessaire, indispensable à notre fonctionnement et à notre santé. Il faut le respecter et ne jamais chercher à faire passer une chose inconsciente dans le conscient de force. Si je sens quelque chose chez l'autre dont il n'a pas conscience, jamais je ne le lui dirai, ou n'essaierai de l'emmener à cet endroit de force.

Tout peut passer de la conscience à l'inconscience en un temps très court. Cela vaut pour les deux sens. Les choses qui sont inconscientes en vous ne sont pas perdues quelque part. Elles sont là, juste là, ici et maintenant, et peuvent même parfois être perçues par d'autres que vous, mais pour x raisons vous ne les percevez pas (maintenant).

Heureusement me direz vous que vous n'êtes pas conscient de tout ce qu'il y a en vous à chaque instant, et même que certaines choses semblent rester la plupart du temps dans l'inconscience. Ainsi, même une personne avec un lourd programme et qui va très mal peut avoir des moments de bonheur, comme si tout cela n'existait pas. Si cela est possible c'est parce qu'à ces moments son programme n'est pas concerné, il n'analyse aucun danger dans la situation présente, il se tait donc. Pourtant il est là, ici et maintenant, tout comme ces programmes qui tournent sur cet ordinateur et que je ne vois pas.

Il n'existe pas d'ailleurs ou d'autre chose que vous en vous.

Lorsque l'on dit «l'inconscient veille», cela veut dire en fait «la conscience veille». Vous veillez, même quand vous dormez. Tout est là tout le temps. Alors quand on fait un voyage chamanique ou une séance d'hypnose et qu'on dit «ne vous inquiétez pas il ne vous arrivera rien qui dépasse ce que vous pouvez vivre», cela signifie simplement que le processus que je viens d'écrire plus haut continue à exister en permanence, que ce soit pendant un voyage, une hypnose, ou le sommeil. Ce qui est dangereux pour vous reste inconscient, tant que l'on ne pose pas une bombe dans votre psyché pour le court-circuiter (une drogue, par exemple).

Des choses apparemment violentes (cris, etc) peuvent se passer parfois pendant un soin, mais cela n'est pas forcément un problème, c'est que c'est le moment et que les conditions sont adaptées, si on n'a pas cherché à appliquer un protocole à la personne, on n'a pas cherché à provoquer ou forcer quoi que ce soit et on a laissé la personne être active au maximum dans son soin. Certaines personnes gardent en elles des choses violentes non exprimées et parfois elles doivent juste «sortir».

Vous êtes libres de ne pas partager mon point de vue, mais sachez qu'il repose sur l'expérience.

⁂

Différencier responsabilité et culpabilité et cesser d'être une victime

Il ne faut pas confondre responsabilité et culpabilité. L'art de la guérison individuelle demande de prendre la responsabilité de sa vie, simplement. Personne d'autre que nous ne peut être responsable de notre vie, de nos choix, de nos actes, de nos pensées, de nos émotions, etc. C'est un point essentiel de l'admettre si on veut prendre sa vie en main, guérir ses blessures et changer.

Sans cela, rien n'est possible. On reste dans le rôle de la victime : le monde est moche, les gens sont mauvais, rien ne peut aller puisque tout est de leur faute. Il n'est pas possible de guérir quoi que ce soit en restant dans la posture de victime. La guérison passe par le fait de récupérer son pouvoir, ce qui revient à reprendre la responsabilité de sa vie. Il y a un lien direct entre pouvoir personnel et responsabilité.

La victime donne le pouvoir à l'autre. Elle croit que l'autre a le pouvoir de lui faire du mal ou, au contraire, de la consoler. De fait, elle se sent impuissante. La personne qui est en position de victime donne son pouvoir, et évidemment se sent en manque de celui-ci. Sans pouvoir, elle ne peut rien faire, le refrain qui revient le plus dans ce cas est «je ne peux pas», «je ne suis pas capable de» - et ce faisant elle en veut à l'autre de ce pouvoir qu'elle lui donne elle-même.

Cette posture entraine en général beaucoup de colère contre les autres, le monde, etc. La victime est souvent revancharde et veut sauver le monde ou les autres à défaut de s'occuper d'elle-même. Elle est particulièrement sensible à ce qu'elle considère comme des injustices car elle s'identifie à toute victime. C'est toujours pour elle qu'elle a de la peine, et elle qu'elle tente de guérir, de réconforter.

Prendre la responsabilité de sa vie, c'est comprendre que personne n'a plus de pouvoir sur soi que soi-même. C'est une prise de conscience énorme. Les autres ne peuvent pas vous rendre malheureux, et même s'ils essaient de vous faire du mal ou vous en font réellement (comme en vous agressant au couteau dans la rue), vous gardez votre liberté dans la façon de réagir sur le moment et surtout plus tard. Même si on subit une agression on peut être heureux. A condition de comprendre qu'on en a le pouvoir.

Il est de la plus grande importance de bien différencier responsabilité et culpabilité. Les gens ne parlent que de culpabilité, la leur et celle des autres. Ils voient des fautes partout, les leurs et celles des autres, les jugent et les comptabilisent en terme de culpabilité. Je pense que l'éducation judéo-chrétienne y est pour beaucoup. De toute façon on nous éduque comme ça : il y a les bonnes actions et les mauvaises. On est récompensé pour les premières et punis pour les secondes. Toute notre vie tourne autour d'un stupide dressage avec un système de récompense et de punition. C'est dur, pour nous et pour les autres. Avec ce système il est impossible de ne pas se sentir coupable de quelque chose. Voilà l'un des principaux poisons qui gâchent la vie des gens.

Même si on fait des erreurs, il n'y a aucune raison de se sentir coupable. En réalité la culpabilité provient entièrement du programme. Car le programme crée le jugement. Si on fait une erreur et qu'on n'a pas de programme; on en assume les responsabilités et les conséquences, simplement. Il n'est pas nécessaire de se sentir coupable, de croire qu'on est nul. Qu'est-ce que cela pourrait apporter de bon ?

Paradoxalement les gens se sentent presque tous coupables dans notre monde, mais très peu assument réellement leurs responsabilités. Si chacun assumait la responsabilité de sa vie, de ses actes, de ses ressentis, de son bonheur et de son malheur, le monde tournerait bien mieux. Le fait que les gens se sentent coupables pour leurs erreurs (je préfère parler d'erreurs que de fautes, car la faute contient la culpabilité dans notre langage) ne fait aucun bien à personne. Cela ne fait qu'ajouter de la souffrance à la souffrance déjà existante, et par voie de conséquence cela empêche la logique de souffrance de cesser.

On est responsable des faits dont on est la source ou qui nous reviennent. Par exemple, vous êtes responsables de vos émotions car elles proviennent de vous, de votre programme. Vous êtes responsable de votre programme car c'est vous qui l'avez créé. Vous êtes responsables de vos actes. Vous êtes responsables de vous occuper de vous, et de vous occuper de vos enfants quand ils ne sont pas en âge de s'occuper d'eux-mêmes (cette responsabilité diminue au fil de leur croissance). Vous êtes responsable de vous faire à manger, de veiller à votre santé, cela ne peut revenir à personne d'autre.

Mais en aucun cas vous n'êtes coupable : vous faites ce que vous pouvez (surtout avec un programme bourré de mensonges). Si vos actes, pensées, émotions, ont des conséquences désagréables, vous devez les assumer, et faire ce qui vous incombe. En aucun cas la culpabilité ne sert à quelque chose. Se sentir coupable c'est se dire qu'on est mauvais parce qu'on n'arrive pas à atteindre l'idéal de perfection que notre programme contient. Or, c'est un mensonge, vous n'avez rien de mauvais en vous. Même si certains de vos actes ou choix vous semblent mauvais, cela ne veut pas dire que vous êtes mauvais. En réalité ce qui entraine des comportements inadaptés qui peuvent faire du mal provient du programme.

Dans la pratique de l'art de la guérison individuelle, l'étudiant doit garder ces principes à l'esprit. Ils lui permettront de changer, de récupérer son pouvoir, et au final d'être un meilleur être humain. Un humain qui assume ses responsabilités et ne rajoute pas de la souffrance là où il y en a déjà par sa culpabilité, ou sa rancoeur.

⁂

L'art de la guérison individuelle satisfait les attentes des personnes en recherche spirituelle comme de celles qui cherchent du développement personnel.

De mon point de vue, il n'y a pas de différence réelle entre le développement personnel et la spiritualité. Le développement personnel a pour but de vous permettre de devenir vous-même, et donc de vous débarrasser de tout ce qui n'est pas vous (le programme). Lorsque vous avancez sur ce chemin, vous éliminez petit à petit les filtres qui vous empêchent de voir la réalité telle qu'elle est, comme d'être vous-même.

La spiritualité a pour but de connaître la véritable nature des choses, de toute chose, y compris de soi-même. Parcourir un chemin spirituel commence forcément par un processus de nettoyage /libération de tout ce qui empêche de voir les choses telles qu'elles sont, c'est-à-dire notre programme, nos conditionnements, qui filtrent la réalité et sont la source de tout ce que nous projetons sur cette réalité.

Le chemin à emprunter est donc le même, celui du grand nettoyage, celui de l'effacement du programme. Plus on ira loin en développement personnel, plus on ira loin sur le plan spirituel. Si vous vous contentez de guérir vos principaux traumatismes et de vous débarrasser des petits blocages qui vous gênent au quotidien, vous ne percevrez peut-être pas que vous êtes sur un chemin spirituel. Mais si vous allez plus loin, en restant exigeant pour vous libérer de tout ce qui vous sépare de la réalité, vous serez sans aucun doute possible sur un chemin spirituel.

L'Art de la Guérison Individuelle s'adresse à des personnes qui sont motivées pour leur développement personnel ou à des personnes attirées par la spiritualité qui comprennent que cela nécessite absolument un gros travail sur soi, et donc d'entrer dans une démarche de développement personnel.

On n'avance pas sur le chemin spirituel sans travailler sur soi de manière très poussée.

Dans la mesure où j'ai moi-même parcouru un chemin spirituel et ai connu une expérience d'éveil, l'enseignement que je donne en stage est souvent profond, à plusieurs niveaux, et dépasse largement le cadre du développement personnel. Ainsi, il y en a pour tout le monde, chacun comprend ce qu'il peut et pose les questions qui sont les siennes. Cela me semble un point important car l'être humain n'est pas compartimenté.

Tous les êtres humains se posent des questions existentielles. Lors du travail sur le programme, les croyances, les traumatismes, on se retrouve naturellement face à la dimension spirituelle de la personne. Ne pas savoir s'adresser à celle-ci limiterait énormément l'impact du travail. Certaines choses ne pourraient être effacées ou guéries. Ce serait comme vouloir s'occuper d'un humain en s'adressant à lui comme s'il était un chimpanzé.

L'art de la guérison individuelle s'adresse à toutes les dimensions de l'être humain. La méthode tient compte de toutes ces dimensions et n'en néglige aucune. Une partie du travail sur ce chemin consiste à accepter la condition humaine, c'est un but hautement spirituel et difficile. La condition humaine, bien entendu comprend autant les dimensions physiques, psychologiques que spirituelles. S'il y a bien quelque chose que l'on ne peut pas faire avec moi c'est planer ou fuir la réalité «tranquillement». Je suis d'ailleurs très carrée dans ma façon de travailler et souvent très terre à terre.

⁂

Implications de la méthode AGI®

Après ce que vous venez de lire, vous comprenez certainement que l'Art de la Guérison Individuelle a de vastes implications. Une de mes amies psychologue estime que j'ai de quoi écrire une nouvelle théorie psychologique.

Les principes de ma méthode, certes, vont à l'encontre de certaines choses enseignées à la faculté de psychologie. Ils sont fondés sur le vécu, l'expérience, ce que l'on trouve, voit, constate en travaillant avec les gens, des personnes normales. Plus que cela, l'art de la guérison individuelle résonne face au vide laissé par la psychologie.

Au-delà des concepts, pouvez-vous imaginer les conséquences de l'application de la méthode AGI® à une personne, une famille, une communauté, une société, une planète entière ?

Pour changer le monde, il faut changer les individus. Les sociétés n'existent pas en tant que telles. De mon point de vue il n'existe que des individus. Si les individus changent, le monde changera. Il est important pour les personnes qui suivent mes stages et pratiquent l'art de la guérison individuelle de changer afin de ne pas transmettre à leurs enfants leurs casseroles, leurs croyances.

Il faut bien se faire une raison, ou plutôt accepter la réalité : très peu de personnes s'intéressent au développement personnel ou à la spiritualité, et parmi celles qui s'y intéressent la proportion qui sont prêtes à passer à l'action est ridiculement faible. La plupart des gens se contenteront toujours de lire des livres, de s'abonner à des podcasts, de petites phrases de sagesse, ou d'aller à des conférences.

Malheureusement rien de tout cela ne permet d'avancer ni sur un chemin spirituel, ni sur un chemin de développement personnel. Pour progresser, il faut retrousser ses manches et se mouiller, prendre des risques, investir du temps, de l'énergie, de l'argent, de l'attention, et dépasser ses peurs.

Les résistances au changement sont grandes, surtout en France, ou celui-ci est toujours considéré comme un problème à éviter.

La majorité des gens n'ont aucune envie de changer et cela ne leur vient même pas à l'idée. Si vous espérez que votre mari, votre mère, ou vos amis vont un jour travailler sur eux, vous vous faites sans doute des illusions.

La plupart des gens n'ont même pas idée de l'existence du programme. Quand elles ont un problème elles considèrent que c'est la faute des autres, du gouvernement, etc. Une grande partie de la population croit être ce mental qui pense dans sa tête. De mon point de vue l'humanité est vraiment peu évoluée, elle en est au stade de la petite enfance. Si on observe ce qui se passe sur notre planète, ou simplement la façon dont les gens conduisent leur voiture, cela semble plus que probable !

La principale limitation de la méthode AGI® est donc qu'elle a un public restreint, alors que potentiellement elle peut aider tout le monde, ou presque.

Venons-en justement à cette question. L'art de la guérison individuelle peut-il aider tout le monde ? Dans l'absolu, oui, toute personne qui le veut vraiment. Elle ne se restreint aucunement à une catégorie de problèmes ou de personnes.

En revanche, pour aider certaines personnes il faudrait un contexte qui n'est pas évident à mettre en place. Je pense en particulier aux personnes ayant de lourds problèmes psychiatriques. Ne croyez pas qu'une personne qui va vraiment mal ne peut pas être aidée. Mais elle doit en premier lieu recevoir des soins car elle n'a pas la capacité à travailler sur elle en autonomie. Ensuite il est nécessaire de la suivre de très près, et pour certaines de l'avoir à l'oeil en permanence un certain temps.

Une fois sortie du stade pathologique - c'est-à-dire d'un état où elle ne peut fonctionner - si la personne veut vraiment changer, et améliorer sa vie, elle devra travailler sur elle et entamer un parcours de développement personnel. Cela est hautement recommandé, particulièrement pour les personnes qui ont été longtemps dans un état les empêchant d'avoir une vie «normale». Ces personnes, une fois guéries, ne savent pas qui elles sont, ni comment vivre. Elles doivent tout réapprendre sur des bases saines.

Cela fait totalement partie de l'art de la guérison individuelle, mais, encore une fois, il est rarement possible de fournir à ces personnes le contexte et l'encadrement qui leur est nécessaire. Certaines personnes en grande détresse m'ont contactée par le passé. C'était toujours des personnes suivies par des psys, mais qui vivaient seules, chez elles et se «débrouillaient». Elles n'étaient pas dangereuses pour elles-mêmes ou pour les autres (bien que personne ne puisse jamais le garantir) et n'avançaient pas du tout avec les thérapies conventionnelles qui leur étaient fournies (suivi psy et médicaments).

Tout cela reste très délicat. L'art de la guérison individuelle est un art, ce qui signifie que c'est difficile à pratiquer à un haut niveau de maîtrise. Voilà une autre limitation : peu de personnes pourront le pratiquer à un haut niveau de maîtrise, soit par manque de capacités, soit par manque de motivation et d'investissement en termes de temps, d'énergie, etc. Aller loin dans l'art de la guérison individuelle revient à dire que l'on s'investit sérieusement et longuement dans un parcours de développement personnel et un chemin spirituel.

⁂

DEUXIEME PARTIE : MISE EN PRATIQUE

Résumé du processus

La pratique de l'art de la guérison individuelle est simple dans les principes.

1) Afin de trouver des parties de leur programme, les étudiants doivent pratiquer l'**exploration émotionnelle** aussi souvent que possible. Lorsqu'ils ressentent une émotion liée à une situation, les élèves pratiquent l'Exem®, généralement avec un cahier, leur cahier de travail.

Le cahier est utile de plusieurs façons :

- Il permet de noter les explorations émotionnelles, ce qui rend sa pratique plus facile au débutant et permet de vérifier qu'elle est bien conforme.

- Pendant les stages et en rendez-vous individuel, je pose de nombreuses questions aux élèves sur des sujets essentiels dans la vie. Je leur demande de faire certains exercices par écrit. Ils répondent à ces questions et écrivent les résultats de leurs introspections sur leur cahier.

- Le cahier facilite le partage avec les autres, en stage, sur le forum et en rendez-vous individuel. Les discussions et échanges en stage sont un élément essentiel du travail.

- Il conserve une trace de tout le travail de développement personnel (exercices en stages, rendez-vous, etc.), ainsi l'étudiant pourra constater ses progrès au fil des mois.

2) Lorsque l'étudiant a avancé dans une exploration émotionnelle, il a pu prendre conscience d'un certain nombre de choses qui étaient inconscientes auparavant, telles que des croyances, des peurs, parfois des souvenirs d'événements passés.

3) **Suite à cela, l'étudiant va utiliser l'un des outils que j'enseigne pour commencer à récupérer du pouvoir et à effacer ce qu'il a trouvé.** Selon les cas, cela peut être quasiment instantané, ou demander un travail long. Certaines parties de programme sont complexes et liées à d'autres. Il faut donc parfois aborder certains sujets plusieurs fois, selon plusieurs angles, et à divers niveaux jusqu'à avoir pris conscience de l'ensemble du problème.

Les outils ne sont pas l'essentiel dans l'Art de la Guérison Individuelle. D'une façon générale en développement personnel, les outils ne sont rien. Il en existe des centaines et les gens courent après, comme si d'un outil pouvait venir une solution. Pourtant, aucun outil en lui-même n'a de pouvoir ou peut suffire à changer. Ce qui compte c'est de comprendre l'art de la guérison individuelle, c'est-à-dire, pourquoi et comment on crée le programme, ce qu'il est, comment on peut le trouver et comment on peut l'effacer, selon quelles conditions. Ensuite il faut réunir ces conditions.

J'enseigne des outils que j'ai tous pratiqués moi-même. Ils sont simples et efficaces. Les étudiants de l'art de la guérison individuelle les utilisent à bon escient car ils comprennent la démarche et sont guidés continuellement, sur leur chemin, et dans le choix et la pratique des outils. Ces outils ne seraient rien sans un enseignement digne de ce nom.

D'autre part, l'art de la guérison individuelle ne consiste pas seulement en la pratique de l'EXEM® et dans la transformation du programme découvert par les outils. Il est également nécessaire de changer son regard sur ce qu'on vit au quotidien, alors même que le déconditionnement n'en est qu'à son début. La méthode comporte des outils à utiliser au quotidien pour gérer sa vie avec recul et en tenant compte de l'existence des programmations.

4) Les élèves suivent les différents stages prévus pour leur permettre de travailler sur tous les domaines de la vie humaine et de progresser sur

toutes les questions importantes (cf partie enseignement). Les stages comprennent pratique et enseignement. Les élèves pratiquent donc au quotidien en autonomie et viennent régulièrement en stage pour recevoir un enseignement, et pratiquer en groupe. Ces deux formes de travail sont complémentaires et tout aussi importantes l'une que l'autre. Le travail réalisé en stage relance le travail à la maison, et le travail à la maison permet d'avancer et d'être prêt pour le stage suivant.

Le travail quotidien en autonomie est essentiel, mais les élèves, même après avoir appris tous les outils inclus dans la méthode, ne pourraient pas progresser vraiment sans venir en stage régulièrement. La raison en est que l'on ne peut voir seul que ce que son programme permet de voir. La confrontation avec les autres élèves, leurs vécus, leurs façons de voir et avec un enseignant qui a beaucoup plus de recul et de clairvoyance qu'eux, leur permet de faire de petit bonds en avant à chaque stage.

Comme vous l'imaginez tout cela demande de la motivation. L'art de la guérison individuelle est une méthode ouverte à de très nombreuses personnes mais qui nécessite certaines dispositions d'esprit. Plus que les outils, c'est l'état d'esprit qui compte et qui fait qu'on est vraiment sur ce chemin.

⁂

Sincérité

L'une des principales conditions à la pratique de l'art de la guérison individuelle est la sincérité, que nous nommons parfois «transparence» en stage. Il est indispensable d'être aussi sincère que possible, envers soi-même d'abord, et envers les autres ensuite. La sincérité est le critère principal de sélection des élèves. Sentir et observer si la personne est sincère dans ce qu'elle exprime ou si au contraire elle reste attachée aux apparences, ou bien cherche à dire ce que l'on veut entendre plutôt que ce qu'elle pense ou sent, représente l'essentiel de la sélection.

Une personne qui n'est pas sincère envers elle-même ne pourra pas obtenir de bons résultats dans la pratique de l'art de la guérison individuelle, ni avec aucune forme de vrai développement personnel. Elle rencontrera très vite les limites qu'elle peut atteindre, car elles sont très basses. Comment sortir du mensonge si on n'a pas la volonté de regarder la vérité ? Oui la vérité peut être douloureuse, et si on s'en coupe c'est souvent parce qu'elle fait mal, mais seule la vérité libère.

Les gens ont le choix : rester dans le mensonge ou assumer la réalité, s'offrant ainsi la chance de pouvoir se libérer de leur programme, être eux-mêmes et se débarrasser de la souffrance évitable. Cela reste un choix. Le développement personnel est un choix : il s'agit de décider qu'à partir de maintenant on va faire ce qu'il faut pour être heureux. Tant qu'on est dans le déni ou le mensonge, tant qu'on refuse de regarder ce qui se passe en soi, le vrai bonheur n'est pas possible.

Régulièrement je rencontre des personnes qui cultivent un paradoxe : elles viennent demander de l'aide car certaines choses ne vont pas dans leur vie, et à la fois affirment être heureuses et refusent de pratiquer certains exercices ou de travailler sur les choses que la vie montre qu'elles devraient travailler. Très souvent on a l'impression face à certaines personnes de regarder un numéro, un acteur qui joue un rôle. Cela sonne faux, et même si le rôle est souvent d'aspect sympathique, positif, c'est désagréable.

J'ai personnellement du mal avec la fausseté, même dans un joli papier cadeau. Je pense que c'est cette caractéristique qui m'a permis de parcourir mon chemin spirituel et de développement personnel. Certes la plupart des gens que l'on rencontre dans la vie jouent des rôles, et il en va de même pour mes élèves, mais lorsque l'on est dans le cadre des stages AGI, en général, les gens sont aussi vrais que possibles, car cela n'a aucun sens de suivre ces stages sans cette condition.

La plupart des gens le comprennent aisément. Mais il faut réaliser que la capacité des personnes à se mentir à eux-mêmes est énorme. Globalement, les gens mentent beaucoup plus à eux-mêmes qu'aux autres. Ils se racontent des histoires en permanence. On peut affirmer vouloir être sincère et ne pas l'être du tout. Très rapidement cependant, les élèves parviennent à être suffisamment sincères en stage, en général dès le premier stage. Si ce n'est pas le cas, leur parcours se terminera très vite par un fiasco. En général, ils trouveront une excuse pour ne pas continuer le travail tout en ménageant leur image d'eux-mêmes, et si cela n'arrive pas assez rapidement, je serai alors obligée de leur dire stop.

En effet, non seulement une personne qui n'est pas assez sincère ne peut progresser, mais elle représente aussi une perturbation pour le travail des autres élèves. Nombre de fois nous nous sommes sentis gênés par la présence d'une telle personne lors d'un soin en séminaire par exemple.

Après avoir écrit tout cela, je tiens à préciser que le programme induit automatiquement des rôles et cache une partie de la vérité. Cela est indépendant de la volonté des personnes. Mais certaines vérités sont tout à fait accessibles, à condition de faire l'effort de les regarder. Il faut arriver à surpasser sa peur. Il en va par exemple ainsi avec les émotions. Elles sont là, il suffit de regarder au lieu de détourner son regard. Ce n'est pas facile, mais vous pouvez y arriver.

⁂

Je voudrais insister sur le fait que la bienveillance est une condition essentielle à la pratique de l'art de la guérison individuelle. Pour faciliter ce travail et dépasser les résistances, la bienveillance générale est nécessaire : celle de l'élève, et celle des instructeurs. Bien entendu, il ne faut pas confondre bienveillance et complaisance. Il ne s'agit pas de ne faire que ce qui est facile, d'éviter les difficultés ou de toujours choisir le chemin le plus rapide. De la même manière la bienveillance des instructeurs ne consiste pas à être toujours gentil, et encore moins à jouer le jeu du programme de l'élève.

La bienveillance, c'est souhaiter du bien. Dans l'art de la guérison individuelle, l'élève n'est jamais un ennemi, et on ne considère jamais qu'il fait ce travail parce qu'il n'est pas assez bien tel qu'il est. Ce serait aller totalement dans le sens du programme, et à l'opposé d'un processus de libération et de déconditionnement. Si vous choisissez de travailler sur vous, c'est dans le but de vous sentir bien, d'être heureux. C'est quelque chose que vous faites pour vous, par amour pour vous. Ce n'est pas quelque chose que vous faites contre vous ou parce que vous n'êtes pas assez bien. Ce point est essentiel. Il est l'une des bases de l'Art de la Guérison Individuelle.

L'amour de soi est la clé du travail. La bienveillance est une condition à laquelle il faut veiller pour éviter les erreurs. La bienveillance pousse logiquement à travailler sur soi, même si c'est difficile; mais la bienveillance permet également d'éviter de réaliser ce travail dans la violence.

Tout est une question d'équilibre, comme toujours dans la vie. Si vous faites du sport, il est évident que si vous ne vous en tenez qu'à ce qui est déjà facile pour vous, vous progresserez peu. D'un autre côté, il ne faut surtout pas en faire trop et chercher à dépasser ses limites. C'est la même chose en développement personnel.

La bienveillance dans l'art de la guérison individuelle participe à la motivation nécessaire à la pratique. Elle doit éviter de mener ce travail comme une guerre contre soi. Pratiquer avec bienveillance, c'est éviter la violence ou les jugements contre soi, et, dans l'idéal, aussi la paresse et la fuite. En effet, quand une personne est dans le déni ou ne fait pas ce qui est bon pour elle, quand elle perd du temps en développement personnel, c'est au fond parce qu'elle ne s'aime pas assez. Très souvent, elle ne croit pas mériter ce cadeau qu'elle se fait, et elle fuit l'attention qui lui est portée dans le groupe (le plus souvent, tout en la réclamant, paradoxe du programme).

L'amour est l'un des thèmes principaux dans les stages AGI et dans le travail quotidien. Les méditations de compassion sont parmi les outils les plus utilisés pour progresser dans ce domaine.

⁂

Respect du processus de transformation

Les élèves peuvent être tentés de vouloir se débarrasser le plus rapidement possible de certaines choses, certaines blessures, certaines croyances et de ce fait, aller trop vite dans le travail. Je vois régulièrement des personnes qui considèrent la méthode AGI, le développement personnel, et les outils qu'ils utilisent, comme un balai magique qui nettoierait le problème dès qu'il apparait dans leur vie. Cela ne va pas du tout.

Aucune réelle guérison n'est possible sans respecter les règles du processus de transformation. En général quand un élève fait ce genre d'erreur, c'est parce qu'il souffre. Il se passe quelque chose dans sa vie, il est submergé par des émotions. Il pratique l'exem®, ce qu'il faut faire, trouve des choses, les sources de ses émotions, de sa réaction, de sa souffrance, et souhaite s'en débarrasser tout de suite. Le problème, c'est qu'en faisant cela, souvent, il n'a pas vu certaines choses, il n'a pas regardé certains aspects. La plupart du temps, il n'a pas vraiment accueilli ce qu'il ressentait. En effet, s'il veut aller vite, c'est justement parce qu'il n'accepte pas de sentir cela, de vivre cela, il le refuse et veut en sortir tout de suite.

Il faut accueillir, reconnaître, accepter, en premier lieu. La transformation peut avoir lieu facilement si cela est réalisé. Elle peut même complètement se passer d'outils. Comme je l'ai déjà écrit plus haut, les outils ne sont rien et ne suffisent pas à changer. C'est la compréhension du processus et le respect de ses règles qui permet le changement.

Lorsque ce que l'on doit transformer a été touché et accueilli comme il se doit, la transformation se fait par l'intention, si on a le pouvoir personnel suffisant.

⁂

Tout au long du parcours, l'élève risque de quitter le «droit chemin» de l'art de la guérison individuelle, non seulement parce que son entourage, son travail, sa vie quotidienne ne favorisent pas cette pratique (et les autres ne changent pas quand vous changez), mais surtout parce que les tendances acquises pendant, 20, 30, ou 50 ans, (selon l'âge auquel ils commencent à travailler avec la méthode AGI®), ne s'effacent pas d'un coup.

On peut facilement tomber dans quelques pièges. Regardons autour de nous, la plupart des gens ne savent même pas ce qu'est le développement personnel, même quand ils pensent en faire. C'est l'inverse de la prose de monsieur Jourdain, tout le monde se dit qu'il fait du DP (développement personnel), alors qu'en réalité, pas du tout. La mécompréhension est générale.

Il faut toujours garder à l'esprit, mais aussi vérifier (ce qui est aussi l'un des rôles des formateurs AGI®) que l'on ne confond pas développement personnel et :

- compréhension intellectuelle

- analyse mentale
- dissertation, discussion sur ce qu'on ressent
- conceptualisation des problèmes
- récapitulation des événements passés
- prendre des rendez-vous chez des thérapeutes
- recevoir des soins
- ou pire encore, de la magie

La majorité des gens qui essaient de faire du DP ne vont pas assez au fond des choses, soit par peur, soit par évitement, soit par méconnaissance de la différence entre mental et ressenti, et de ce qu'est vraiment le développement personnel. Les problèmes ne sont pas des idées, le programme n'est pas mental, et pour transformer il ne faut pas se situer dans un processus mental. Dès qu'on passe en mode mental on est à côté de la plaque et on n'est plus dans le DP.

Dans leur pratique de l'art de la guérison individuelle, les élèves ont toujours tendance à se laisser aller à «mentaliser» car leur activité mentale, surtout en début de parcours est foisonnante, comme celle de la plupart des gens. Il faudra donc absolument acquérir un certain calme mental (cela fait partie de l'enseignement donné et de la pratique). Beaucoup de personnes pensent être leur mental alors que celui-ci n'est qu'un outil. Comprendre intellectuellement peut parfois être utile, mais on ne peut rien transformer avec son mental ou en s'intéressant au mental.

Il est aussi de la plus grande importance d'être le centre du processus, d'être actif dans la transformation pour récupérer son pouvoir personnel. C'est pourquoi je dis toujours qu'on ne peut pas faire son DP juste en prenant des rendez-vous chez des thérapeutes. Le développement personnel nécessite d'être intégré à sa vie quotidienne, d'en comprendre les tenants et les aboutissants, et d'avoir du recul, une vision globale des choses. C'est très difficile à réaliser en rendez-vous.

⁂

Etre le centre de sa vie

Voici un principe essentiel à la réussite. En réalité, être le centre de sa vie est juste normal, naturel. Il est évident que l'on est le centre de son monde et le centre de sa propre vie. Si on se décentre, alors rien ne peut aller, c'est comme marcher sur la tête. Beaucoup de personnes sont paumées dans leur vie juste à cause de cela. On nous fait tout le temps croire que le centre est ailleurs, que ce soit une autre personne, un objectif à atteindre.

Quel que soit ce que l'on veut faire dans sa vie, on ne peut bien le faire qu'en restant le centre de sa vie, en étant centré sur soi, son ressenti. C'est seulement ainsi qu'on peut non seulement sentir comment agir, prendre les bonnes décisions, mais aussi conserver un équilibre, se respecter et, au final, aller bien.

Vous êtes la personne la plus importante pour vous. Personne d'autre ne peut être le centre de votre monde. C'est un principe tout simple mais souvent difficile à admettre, car, du fait de l'éducation judéo-chrétienne, le programme nous pousse à croire que c'est mal d'être centré sur soi. Beaucoup de personnes ont tellement de croyances négatives sur elles-mêmes qu'elles ne pensent même pas mériter leur propre attention.

Il ne faut pas confondre le fait d'être centré sur soi et l'égoïsme, ou même l'égocentrisme. L'égocentrisme consiste à penser que tout est en rapport avec soi, ce qui est évidemment faux, on n'est pas le centre du monde, mais seulement de son monde à soi. L'égoïsme consiste à être totalement indifférent aux autres. Etre centré sur soi, c'est simplement être centré tout court. On ne peut pas être centré autrement. Les autres doivent aussi être centrés sur eux, ils vivent dans leur monde, dont le centre est eux-mêmes. Il y a autant de mondes que de personnes sur terre, et cela ne peut être autrement.

Dans l'art de la guérison individuelle, on comprend que la source de nos difficultés est en nous, et qu'il faut regarder en nous avant tout. Les autres aussi doivent regarder en eux quand ils souffrent, nous ne sommes pas non plus responsables de leurs ressentis, de leur bonheur et de leur malheur. Et si on les traite mal, à eux de réagir et de faire cesser la relation.

Cela peut être perturbant de réaliser que chacun vit dans son monde, mais c'est aussi rassurant. Nous pouvons créer notre monde, le choisir par nos pensées, mais surtout par nos actes et nos intentions. Et puis de toute façon c'est la réalité, on n'a aucun autre choix que l'accepter.

L'élève qui pratique l'Art de la Guérison Individuelle doit toujours garder à l'esprit qu'il est le centre de sa vie, rester centré, regarder en lui, se connecter à ses ressentis, les écouter, prendre en considération ce qu'il ressent, et accepter la responsabilité de sa vie.

⁂

Sentir plutôt que penser

Dans l'art de la guérison individuelle, on apprend à diriger sa vie en grande partie par le ressenti. La pensée, le mental, est un simple outil, mais cela ne permet pas de percevoir.

Si vous voulez savoir si une chose est bonne pour vous, il faut le sentir. Si vous commencez à réfléchir, à peser le pour et le contre, il est probable que vous hésiterez longuement, trouvant autant de raisons pour que de raisons contre. Souvent cela n'a pas de fin, et cela fait perdre beaucoup d'énergie.

Avez-vous remarqué à quel point votre mental tourne en rond ? Grâce à la pratique de la méditation associée au travail sur soi et à l'enseignement de la méthode AGI®, les élèves apprennent à créer de l'espace en eux pour être capable d'entendre les réponses dont ils ont besoin, pour sentir, simplement, comme tout être humain devrait être capable de le faire.

Sentir, pour un être humain, comprend plusieurs types d'aptitudes et de perceptions. Nous avons déjà parlé des émotions, s'ajoutent à cela les sensations physiques (les 5 sens, la proprioception, et les perceptions énergétiques), l'intuition, et une façon de sentir qui dépasse tout cela et qu'il est difficile de nommer. D'ailleurs je ne crois pas avoir déjà entendu ou lu quelqu'un la nommer. Il s'agit d'un ressenti direct en lien avec la nature profonde de l'être.

Ce qu'il est important de comprendre, c'est que pour bien gérer sa vie, il faut essayer de sentir plutôt que réfléchir. Souvent quand je dis «je vais y réfléchir», la réflexion n'a rien à faire là. En réalité, cela signifie pour moi «je vais sentir à ce sujet et j'agirai quand j'aurai senti et pas avant, quand je sentirai que ce sera le moment».

Les personnes qui pratiquent l'art de la guérison individuelle apprennent à développer leurs capacités à sentir, et à les écouter, à différencier ressenti et élucubration mentale, intuition et émotion. Pour la plupart d'entre elles c'est un travail qui prend du temps, mais au fil de leur parcours elles rencontrent des situations qui leur montrent, plusieurs fois que c'est la seule façon d'être efficace et d'éviter les erreurs grossières.

Cela est valable même pour les personnes très intelligentes, et qui ont fait de longues études (et il y en a beaucoup parmi mes élèves). L'intelligence n'empêche pas la capacité à sentir et inversement, on ne devient pas bête parce qu'on arrête de croire à la toute-puissance de la raison. D'ailleurs ces personnes ne font pas plus de choses stupides qu'auparavant, bien au contraire.

Dans la pratique de l'art de la guérison individuelle on essaie d'utiliser ses capacités à sentir au maximum. Autant que possible on se fie au ressenti profond et non à ce qu'on se raconte avec la tête. Il vous arrive sûrement de ne pas écouter la petite voix qui vous dit de ne pas faire telle ou telle chose, et de vous en mordre les doigts ensuite ? Si c'est le cas, vous comprenez l'intérêt d'être capable d'écouter le ressenti et de savoir lequel écouter.

⁂

Travail avec l'énergie

Dans l'art de la guérison individuelle, les élèves apprennent dès le début à utiliser l'énergie de façon basique et sécurisée pour travailler sur eux. Dans la mesure où tout ce qui doit être transformé en développement personnel est de nature énergétique, et peut être appréhendé ainsi, il est non seulement possible mais également recommandé d'utiliser une pratique énergétique pour effacer certaines choses.

Les élèves apprennent à sentir, transmettre et recevoir de l'énergie, tout d'abord sans aucune forme de maîtrise mais en respectant des règles de sécurité. Il leur est expliqué comment utiliser ces capacités pour travailler sur eux.

⁂

Soins

Les soins sont l'un des moyens de transformation dans la méthode AGI®. Il s'agit de soins collectifs. Cela signifie que pendant certains stages des soins sont prévus : chacun reçoit un soin et participe aux soins des autres personnes. Au cas où vous vous posez la question, il s'agit de soins chamaniques. Cela signifie que ce ne sont pas des soins limités par une technique. Les personnes qui pratiquent le soin doivent être capables non seulement de sentir avec précision ce qu'il y a mais aussi de le transformer. Il est donc nécessaire qu'elles soient avancées dans leur développement personnel.

Dans le cas contraire, soit elles ne sentent pas, soit elles sentent des choses qui n'existent pas, soit elles sentent mais ne peuvent pas transformer, soit elles sont dans les projections dangereuses. Pratiquer des soins sur les autres alors qu'on a encore de nombreuses croyances (y compris spirituelles), que l'on n'a pas réglé ses problèmes personnels, que l'on a des blessures, que l'on est touché émotionnellement par le soin ou la souffrance de l'autre, ou que l'on n'est pas capable de le pratiquer sans vouloir ou avoir des attentes (soulager, aider, régler ce que l'on pense devoir être réglé), est dangereux. Il y a déjà trop de thérapeutes dangereux. Ce n'est pas acceptable.

En stage, les soins étant collectifs, les risques sont diminués car l'implication de chaque personne est moindre. Il faut cependant veiller à ce qu'il n'y ait pas de projection. C'est le rôle des animateurs et chefs de groupes. Il faut continuellement être attentif à ce qui se passe, et souvent réfréner l'enthousiasme de certains, savoir discerner ce qui est un véritable ressenti de ce qui est une projection. Il faut aussi éviter de laisser pratiquer des voyages chamaniques à des personnes qui ne sont pas neutres par rapport à la problématique, même si elles font de «jolis voyages», avec de belles histoires que l'on aime entendre.

Il n'est pas possible d'expliquer correctement les soins dont je parle en quelques lignes ou paragraphes. Concernant ces soins, il y aurait beaucoup à dire, mais dans le présent ouvrage je souhaite juste que vous sachiez qu'ils existent et à quoi ils servent. J'ai commencé à développer le sujet des soins dans un livre qui leur sera entièrement consacré.

Les soins font intégralement partie du parcours dans l'art de la guérison individuelle. Tous les élèves qui ont dépassé le stade débutant en ont reçu.

Ces soins sont importants car les gens ne peuvent pas tout régler tout seuls. Je dis souvent aux élèves qu'ils doivent faire 80 % du travail seuls, et qu'ils sont aidés pour le reste. Même avec des outils efficaces, en comprenant bien la méthode, en étant guidé et conseillé régulièrement par des personnes compétentes, il y a des choses que l'on ne peut pas transformer tout seul.

Ce principe est vrai pour la majorité des gens. Ainsi, grâce aux soins, les élèves arrivent à débloquer des choses qu'ils ne pourraient pas régler seuls. De ce fait, au fil des ans, les soins sont devenus incontournables et très appréciés par les élèves. Il faut faire attention cependant à ce que les élèves comprennent bien que leur travail personnel est plus important que le fait de recevoir de l'aide dans le cadre de soins.

Dans le passé, il est arrivé que certains élèves, impressionnés par les effets des soins reçus en séminaire de guérison demandent à renouveler l'expérience trop souvent. Pour une personne qui vient régulièrement en stage et pratique l'art de la guérison individuelle, un ou deux soins par an suffisent amplement.

⁂

Les outils et l'enseignement

L'Art de la Guérison Individuelle comporte de nombreux outils et une infinité d'enseignements. En effet, dans la mesure où l'enseignement donné dépend non seulement du programme du stage, mais aussi des problèmes soulevés par les élèves pendant celui-ci, des choses qu'ils ne comprennent pas, il est en partie imprévisible et nouveau à chaque fois.

La plupart des pratiques que j'enseigne ont plusieurs usages et intérêts, sinon je ne les aurais pas choisis ou inventés. En effet, il existe des milliards d'outils, il n'est pas nécessaire d'en avoir beaucoup pour travailler sur soi, et encore moins d'avoir le dernier à la mode. En revanche, il faut connaître les bons, et surtout recevoir l'enseignement qui permet de bien s'en servir.

Je vais faire une sorte de listing de ces outils et les résumer pour vous dans les pages qui suivent. Vous verrez que certains se trouvent placés dans plusieurs groupes, car ils ont plusieurs usages.

⁂

L'une des parties les plus importants de la pratique de l'art de la guérison individuelle est la façon dont les élèves apprennent à gérer ce qui se passe dans leur vie autrement.

Cela signifie apprendre à regarder différemment ce qui se passe, à avoir du recul, à voir clairement ce qui se joue dans chaque situation, gérer et apprivoiser leurs émotions, et savoir comment agir. Il ne suffit pas d'utiliser ponctuellement des outils pour effacer des morceaux de programme. Il faut apprendre à vivre autrement, comme à rester dans le présent.

C'est avant tout l'enseignement reçu en stage, les conseils et le soutien reçus sur le forum qui le permettent. Néanmoins un certain nombre d'outils parmi ceux enseignés peuvent les y aider.

La méditation du calme mental :

Je pratique la méditation depuis plus de 30 ans et l'enseigne depuis une quinzaine d'années. La méditation a pour but de rééduquer l'activité mentale incontrôlée afin qu'elle fonctionne normalement. L'activité mentale de la plupart des gens est incontrôlable, foisonnante, envahissante, et produit un grand nombre de pensées, d'images, de sensations inutiles voire dangereuses. La méditation permet de trouver le calme mental et d'utiliser cette faculté de création mentale à bon escient, c'est-à-dire parler quand on a besoin de parler, penser quand il faut penser, imaginer quand cela est utile ou bénéfique, etc.

La méditation est un outil de base. Sans calme mental tout est difficile, autant dans la vie quotidienne que dans le travail sur soi. Sans calme mental, beaucoup d'énergie est perdue, et l'efficacité est médiocre. La méditation aide à revenir au moment présent, ce qui limite les projections dans l'avenir ou le passé, habituelles chez beaucoup de gens, et qui provoquent des peurs, inquiétudes, totalement inutiles, ou de l'attachement au passé.

J'enseigne plusieurs formes de méditation. Quelle que soit la forme utilisée, la pratique doit être régulière. Pour plus de précisions voir mes autres livres.

Le regard chamanique

Cette pratique de mon invention permet de regarder autrement ce qui se passe dans sa vie, une situation, un problème, par exemple. Elle permet de dissocier les faits, des pensées, des émotions, de prendre énormément de recul et au final de savoir comment agir en rapport à cette situation problématique, et aussi de mettre en place le travail nécessaire en développement personnel, en identifiant les sources de ce qui nous rend la situation difficile.

L'exploration émotionnelle EXEM®

Déjà présentée, l'exploration émotionnelle EXEM® est la première ou la seconde chose à faire quand on rencontre une difficulté, et en particulier quand on est submergé par les émotions. Elle est la base sur laquelle se fonde tout le travail dans l'art de la guérison individuelle, car elle permet de prendre conscience de ce qui se passe en soi, de trouver les parties de programme en jeu. Ensuite on utilisera des outils de transformation sur ce qu'on a trouvé avec l'exem®. Elle permet d'être certain de trouver la source du problème et de travailler sur du réel et non des hypothèses qui seraient le fruit de notre intellect.

Travail énergétique sur soi

Lorsque les élèves se sentent mal et même lorsqu'ils sont incapables de pratiquer l'exploration émotionnelle (pas assez d'énergie, trop de confusion mentale, panique, etc), ils peuvent utiliser divers exercices énergétiques qui leurs sont enseignés. Ils apprennent à recevoir l'énergie dont ils ont besoin. Ce sont des pratiques faciles, les plus faciles de toutes, applicables en toutes circonstances.

Elles leur permettent de se sentir mieux, de se calmer, de changer leur état d'esprit, parfois de laisser s'exprimer des émotions, et même de laisser venir quelques prises de conscience.

Travail énergétique sur situation

Le travail énergétique que j'enseigne dans la méthode AGI au-delà du stade débutant permet d'utiliser l'énergie de façon dirigée (grâce à beaucoup d'enseignements sur l'intention et les règles à respecter). Les élèves peuvent ainsi travailler sur des problèmes, des situations par exemple dans lesquelles ils se sentent coincés.

Le travail énergétique est plus vaste que cela, bien sûr, mais ici je ne parle que de la gestion du quotidien, comment se débrouiller pour vivre mieux alors qu'on a encore son programme.

⁂

Outils pour prendre conscience

Le parcours dans l'art de la guérison individuelle est jalonné de nombreuses prises de conscience. Les élèves découvrent des choses sur eux-mêmes qu'ils ne connaissaient pas, et réalisent comment ils fonctionnent sur certains points, souvent avec stupeur.

Echanges en stage

Ce sont avant tout les échanges en stage ou en rendez-vous qui permettent ces prises de conscience. En effet, être confronté à des personnes qui ne croient pas les mêmes choses, qui ne fonctionnent pas de la même façon, faire les exercices que je propose, et partager avec d'autres à ce sujet, crée des conditions favorables aux prises de conscience.

Exploration émotionnelle

L'exploration émotionnelle EXEM® provoque de nombreuses prises de conscience, puisque dans son principe elle amène à la conscience ce qui était auparavant inconscient, bien que tout à fait présent.

Liste d'émotions :

Une liste de vocabulaire concernant le ressenti et classé par thèmes est très utile, surtout pour les débutants qui ont très peu l'habitude d'exprimer ce qu'ils ressentent. Utiliser cette liste en parallèle avec la pratique de l'exem® aide à prendre conscience de ce qui se passe en soi.

Inventaires de croyances

Selon les thèmes des stages, je crée des inventaires de croyances, c'est à dire des exercices qui poussent à exprimer spontanément ce que l'on croit, une partie de ses croyances sur tel ou tel sujet.

Méditation

Lorsque l'on calme son mental, de l'espace se crée dans l'esprit pour certaines prises de conscience. C'est pourquoi certaines choses importantes peuvent venir à l'esprit pendant la pratique de la méditation. Cela n'est vrai que lorsqu'on a atteint un certain calme mental. Quand ce n'est pas le cas, le mental peut à l'inverse se montrer particulièrement foisonnant de bêtises.

Exploration émotionnelle

Bien que l'exploration émotionnelle soit avant tout un outil pour rendre conscient ce qui est inconscient, pour découvrir le programme, une transformation peut avoir lieu ou commencer avec cette pratique. Parfois le seul fait de prendre conscience de ce qui se passe réellement en soi (et qu'on ignorait) peut suffire à créer un déclic (et un vrai remue-ménage souvent). Certains étudiants sont libérés dès la prise de conscience, d'une partie de leur programme. Mais bien évidemment cela ne fonctionne pas pour tout, et je dirais même que c'est assez rare.

Dans tous les cas, l'exploration émotionnelle constitue toujours une récupération de pouvoir. Le fait même d'être capable de voir et gérer ce qui était auparavant inconscient est un début de libération certain.

Ensuite, pendant l'exploration émotionnelle, il est nécessaire de bien prendre conscience que :

1. les croyances que l'on trouve sont des mensonges auxquels on croit

2. croire ces mensonges est la source de la souffrance et des comportements que l'on ne souhaite pas avoir.

3. cette partie de programme existe du fait de ce qu'on a vécu. On en est responsable mais en aucun cas coupable.

De cela doit découler un sentiment de compassion pour soi : on a fait comme on a pu pour vivre - ou survivre -, et maintenant on souffre à cause de ce programme de survie. La compassion ressentie en fin d'exploration émotionnelle, permet de commencer à effacer la partie de programme qu'on a trouvée. Dans l'idéal, l'étudiant pratiquera une méditation immédiatement en essayant de bien prendre conscience de ce que je viens d'écrire : mensonge - souffrance - on a fait ce qu'on a pu.

Méditation de compassion

J'enseignais autrefois la méditation de compassion dans les stages reiki premier degré. Cette pratique d'origine bouddhiste consiste à envoyer de l'amour et souhaiter du bien, à pardonner, d'abord à soi, puis aux autres. Les méditations de compassion doivent être pratiquées avant tout pour soi afin d'éliminer la culpabilité qui ronge la plupart des gens.

Cette culpabilité vient du programme, bien entendu. Vous avez appris à juger que vous n'êtes pas assez bien, que ce que vous faites n'est pas assez bien, et à estimer que vous ne méritez pas de pardonner vos erreurs ou qu'elles sont impardonnables. Cela provient à la fois de l'éducation, de la société dans laquelle nous vivons, et de vos expériences personnelles malheureuses, d'incompréhensions.

Vous n'êtes pas nés avec tous ces jugements que vous infligez à vous-même et aux autres.

La méditation de compassion permet de développer l'amour de soi, un amour totalement naturel qui devrait être évident. Le fait de ne pas s'aimer est pathologique, disons-le.

Pratique de la méditation de compassion :

Il est conseillé de s'asseoir en posture de méditation. Ce n'est pas tout à fait obligatoire et l'on peut pratiquer sans être sur un coussin de méditation. Cependant, il faut tout de même prendre le temps de bien faire les choses.

Regardez votre vie. Voyez comme tout ce que vous faites, vous le faites dans un unique but : trouver le bonheur.

Ensuite regardez les autres personnes et voyez que c'est exactement la même chose pour elles. Elles cherchent toutes le bonheur. Quoi qu'elles fassent, même si elles sont très différentes de vous, elles ont cet objectif, cette recherche, qui est la même que la votre. La vie est souvent difficile et tous nous cherchons à être heureux et à éviter la souffrance, avec ce que nous sommes et nos moyens. Ceci est également vrai pour les autres créatures, les animaux par exemple. Vous avez droit au bonheur et les autres aussi. Ne souhaitez-vous pas qu'ils l'obtiennent ? Si oui, vous êtes en train de générer en vous la compassion. C'est un bon début.

D'une façon ou d'une autre, vous devez trouver un moyen de générer en vous un sentiment qui sera le plus proche possible de la compassion telle que nous l'avons définie ensemble en stage. Je suis consciente que ce n'est pas évident et que certaines personnes ont même de grosses difficultés avec l'amour en général, du fait de leur parcours personnel. Mais l'important est de faire de son mieux et de générer en soi le sentiment le plus proche de la compassion dont on soit capable. A défaut d'amour, cela peut être de la tendresse, ou même de la bienveillance.

Tant qu'on n'est pas habitué à la pratique , il est usuel de se servir de ses souvenirs pour générer le dit sentiment. Pensez à un moment où vous avez senti de l'amour (ou à défaut, de la bienveillance, de la tendresse).

La méditation de compassion comporte deux parties, la plus importante étant celle qui vous est consacrée. **En effet, on ne peut pas aimer les autres si on ne s'aime pas (vraiment).** Il faut donc pratiquer en priorité la partie tournée vers soi. Pour certaines personnes (celles qui n'ont pas envie de pratiquer pour elles par exemple), il ne faut pas du tout pratiquer sur les autres pendant un certain temps. Moins vous avez envie de vous donner de l'amour, plus vous devez le faire. Il serait dangereux de ne pratiquer que pour les autres.

<u>Résumé des deux parties de la méditation de compassion :</u>

1. Pratique pour soi : générer le sentiment de compassion, se le donner (plusieurs méthodes sont possibles), prendre le temps de se pardonner ce qu'on se reproche. A utiliser sans modération selon toutes les variantes nécessaires au travail que vous faites sur vous en ce moment (sur un

événement, un ressenti, une souffrance, vous à un certain âge, vous bébé, sur votre corps, etc).

2. Pratique pour les autres : une personne à la fois en commençant par les gens que vous n'aimez pas, ceux qui vous ont fait du mal, ceux avec qui vous avez ou avez eu des relations difficiles (mêmes s'ils sont morts), sans oublier ceux qui vous embêtent dans la vie quotidienne, vos amis et votre famille. Générer le sentiment, l'envoyer à la personne, voir que cela lui fait du bien, se réjouir (ce dernier point est de la plus haute importance).

Bien entendu, il est impératif d'être sincère dans la pratique, c'est-à-dire de sentir vraiment, de vouloir vraiment donner (et se donner) cet amour, de (se) souhaiter sincèrement du bien, et de se réjouir sincèrement , ce qui doit produire un sourire final sur votre visage.

La partie sur soi de la méditation de compassion est celle qui est essentielle pour l'art de la guérison individuelle. Même si cette pratique existe chez les bouddhistes, mes élèves l'utilisent dans de nombreuses variantes de leur invention. Il ne faut pas du tout rester collé à la forme. De plus, il est nécessaire de bien comprendre qu'envoyer de l'amour n'est pas suffisant. si l'on veut travailler sur soi et changer, ce que j'appelle méditaiton de compassion doit inclure l'accueil et l'acceptation de ses soufffrances, de ses émotions, et ressentis. Il ne suffit pas de générer un petit sentiment d'amour et de l'envoyer.

Le voyage chamanique

Le voyage chamanique est une pratique pour débutants qui permet d'utiliser la modification de l'état de conscience pour avoir accès à ce qu'on veut transformer d'une manière plus directe et plus aisée. Les élèves le pratiquent au tambour, ou même sans rien une fois qu'ils sont habitués. Tout comme l'hypnose, la modification de l'état de conscience est suscitée très aisément, mais le voyage chamanique est une pratique dans une forme beaucoup plus libre et moins limitée, il n'y a pas de protocole à suivre et chaque voyage est unique dans sa forme, sa longueur, son style.

Les élèves utilisent le voyage chamanique lorsqu'ils ne savent pas trop comment prendre un problème, ou bien lorsqu'ils savent ce qu'ils doivent faire, effacer, accepter, reconnaître, mais ne se sentent pas capables de le faire sans cela. Pour plus de précision, cf mon livre sur le chamanisme.

Des morceaux de programme peuvent être transformés pendant un voyage chamanique.

La récapitulation chamanique

On dit souvent que la récapitulation consiste à effacer des événements. La récapitulation que j'enseigne n'est pas exactement celle dont on parle dans les livres de chamanisme (autres que le mien). C'est une pratique adaptée à la réalité des gens, et qui prend en compte toutes les étapes, c'est à dire non seulement l'effacement des traces laissées par certains événements passés, mais aussi le travail préalable de reconnaissance et d'acceptation qui permet que la récapitulation soit efficace.

La récapitulation peut se faire sur des souvenirs qu'on a écrits sur une liste au préalable, lors d'un travail préparatoire sur un thème par exemple, mais aussi sans liste, et de façon spontanée, en voyage ou non, sur des souvenirs qui se présentent spontanément, parce qu'ils sont en lien avec le travail qu'on est en train de faire, simplement.

Rituel de lâcher prise

Lorsqu'une personne veut transformer quelque chose dont elle a pris conscience, se débarrasser de son programme, elle peut mettre au point une forme de rituel qui va concrétiser son intention.

C'est le cas pour ce qu'on appelle des rituels de lâcher prise par exemple mais cela ne se limite pas à cela. Il n'existe aucune règle précise à suivre pour un rituel hormis le respect des personnes et des lieux, et que ce soit celui qui souhaite le faire qui décide de sa forme, et du moment pour le faire. Un rituel ne peut fonctionner que s'il représente quelque chose pour soi. L'idéal est de l'inventer soi-même selon ses goûts, et sa sensibilité.

Travail énergétique sur les croyances

Il est possible de réaliser un travail énergétique pour travailler sur des croyances grâce à l'intention. Ce type de travail peut aussi amener des prises de conscience mais est en général entrepris quand on a trouvé des croyances particulièrement lourdes avec l'exem® et que l'on désire s'en débarrasser. C'est un moyen facile de le faire. Soit il marche très vite et c'est gagné, soit il amène des prises de conscience qui permettront d'avancer sur le sujet (tout ne peut pas partir en un petit exercice).

Soins chamaniques

Les soins chamaniques méritent un ouvrage à eux seuls, que j'ai déjà commencé à écrire. Je vous invite donc à le consulter quand il sera publié. J'ai donné quelques informations à leur sujet précédemment dans ce livre. Les soins sont des pratiques de transformation par excellence qui dépendent des compétences de celui qui pratique et du fait que la personne qui reçoit soit prête au changement.

Méditations de transformations

Je ne sais quel nom donner à ces pratiques. Un élève avancé, qui n'a plus peur de ce qu'il ressent, de la souffrance, et qui a récupéré pas mal de pouvoir personnel peut prendre conscience d'une souffrance ou d'une partie de programme, et le transformer immédiatement sans utiliser d'outil particulier. C'est tout à fait réalisable, il suffit d'avoir le courage, le pouvoir, l'espace et l'intention. Ce sont en quelque sorte des auto-soins sans qu'il y ait besoin d'un quelconque outil. Tout se passe en la personne, entre elle et elle-même.

La transformation n'a rien de sorcier, elle est naturelle. Mais attention n'est pas transformation ce qui ne respecte pas les règles que j'ai expliquées dans ce livre. Ainsi, certains peuvent penser avoir transformé, alors qu'ils n'ont même pas accueilli. C'est valable avec ou sans outil de transformation.

Plusieurs possibilités pour régler un problème

Chaque fois que les élèves ont du mal à gérer quelque chose qui se passe dans leur vie, ont des émotions désagréables, des pensées qui les envahissent, des difficultés à faire des choix, etc... Ils doivent se souvenir des principes de la méthode AGI® et utiliser les outils qu'ils connaissent pour retrouver la paix intérieure, savoir quel choix faire, régler leur problème (quand c'est possible).

Il n'existe pas un schéma de travail précis dans l'art de la guérison individuelle. Il existe toujours plusieurs façons de traiter un problème, de travailler sur un point de son DP (développement personnel), sur des croyances trouvées, sur des événements passés, sur des situations, etc. La façon dont l'élève s'y prend dépend de multiples facteurs, y compris sa personnalité, ses préférences. Cependant, selon ce que l'on a à gérer, certains outils seront plus appropriés que d'autres.

Les élèves reçoivent des conseils à ce sujet en stage, en rendez-vous individuels et sur le forum. Tous les outils de la méthode peuvent être utilisés. Généralement un problème est traité de plusieurs façons et en utilisant plusieurs outils. L'essentiel reste la prise de conscience qu'il faut bien différencier de la compréhension intellectuelle. La prise de conscience représente un vrai changement intérieur, comme si on basculait dans un autre monde Ce n'est pas dans le mental que ça se passe.

⁂

Poser des actes concrets

A travers tous les outils dont on dispose dans l'art de la guérison individuelle on traite les morceaux de programme trouvés, les émotions et les blessures à leur niveau énergétique. Parfois le fait de mettre des mots dessus est même totalement inutile, ce que l'on voit souvent en soin : il arrive que de grosses souffrances soient évacuées sans savoir ce que c'est vraiment ou à quel moment cela a été vécu et cela n'a aucune importance.

De même, ce qui est transformé dans les voyages chamaniques n'est pas toujours identifié et cela ne pose aucun problème. La compréhension intellectuelle est facultative et si on doit comprendre quelque chose pour pouvoir se libérer, alors on le comprend, spontanément, cela fait partie du processus sans qu'on l'ait cherché.

La transformation par les outils AGI® a lieu au niveau de la nature des choses et donc de l'énergie. Cependant il ne faut pas tomber dans le piège de croire que cela suffit à changer sa vie. Si vous voulez changer votre vie, vous ne pourrez faire l'impasse sur des actes concrets et des choix. Par exemple, si vous voulez changer de maison, ou de femme, cela ne se fera pas tout seul, vous devrez agir, faire des choix et les assumer. C'est la règle du jeu de la vie.

Cela peut signifier assumer de laisser tomber un emploi qui ne vous convient pas, ou de mettre fin à une relation toxique. Ce n'est pas facile, mais le travail avec AGI® vous permet de vous débarrasser des blocages qui pouvaient vous empêcher de réaliser ces changements. En bref, on ne change pas sans changer. Les choses ne se font pas par magie. Votre vie ne change pas sans rien faire. C'est le rêve de nombreuses personnes que de voir la vie décider pour eux, et réaliser des miracles pour eux. Avec une intention claire et puissante il peut se produire des choses, mais cela ne vous épargnera jamais de devoir poser des actes concrets.

Je prends un dernier exemple : si vous avez besoin d'une nouvelle voiture, vous allez devoir la chercher dans 99 % des cas. L'intention et le travail réalisé dans l'art de la guérison individuelle facilitera sans doute cette recherche de bien des façons : l'intuition acquise par ce travail par exemple, vous permet de faire les choses de la meilleure façon possible, de regarder au bon endroit au bon moment. Mais il faudra tout de même chercher, et si la voiture dont vous avez besoin n'est pas disponible tout de suite, il faudra attendre. Ne confondez pas développement personnel (et même spiritualité) et magie. Personne n'échappe aux lois de la nature, ni à sa condition humaine.

Il arrive que je constate que certains élèves prennent les outils de AGI® pour des baguettes magiques qui leur éviteraient de faire des choses qu'ils n'ont pas l'envie et le courage de faire. S'ils n'ont pas le courage, ils doivent travailler sur leurs peurs mais en aucun cas attendre que les événements tournent en leur faveur sans agir. Quand on constate qu'après un certain temps un élève ne prend toujours pas la responsabilité de sa vie et attend de la méthode qu'elle lui évite de la prendre, il faut cesser le travail avec lui, car on peut craindre que la fuite de la réalité l'entraine à terme dans de sérieux problèmes, voire des délires.

⁂

TROISIEME PARTIE : ENSEIGNEMENT

Les stages

L'enseignement de l'art de la guérison individuelle AGI® se fait prioritairement par des stages. En effet, c'est la meilleure méthode d'enseignement. Ni l'enseignement en individuel, ni l'enseignement continu (sous forme de cours tous les jours) ne permettraient d'atteindre les mêmes résultats que l'enseignement sous forme de stages.

En effet, les stages offrent des conditions essentielles à la pratique :

• la présence d'un groupe est indispensable. Elle permet des échanges qui n'auraient jamais lieu en individuel. Les stagiaires partagent sur leur vécu, leur travail de développement personnel et cela permet d'aborder de nombreuses questions en restant dans le concret des situations personnelles. L'enseignement est vivant et non théorique et ce sont ces échanges qui permettent à chaque stagiaire d'aller loin dans son travail de développement personnel.

• Le groupe amène un soutien non négligeable tout au long du parcours de l'art de la guérison individuelle, qui n'est pas toujours facile. Pouvoir partager avec des personnes qui font aussi ce travail et qui peuvent comprendre ce qui se passe est d'une grande utilité. Dans leurs vies quotidiennes les élèves peuvent rarement parler de ce qu'elles vivent sur ce chemin. Le soutien est permanent grâce au forum des élèves sur internet.

• En deux jours on peut beaucoup travailler. Il serait impossible de donner l'enseignement complet en rendez-vous individuel. Un stage comporte souvent une vingtaine d'heures de travail. La transmission du contenu des stages débutants demanderait des mois de rendez-vous hebdomadaires.

• Les stages doivent être espacés de quelques semaines afin que les stagiaires aient le temps de mettre en pratique et de venir en stage avec du matériau concret provenant de leur vie quotidienne. La pratique de AGI demande une alternance enseignement/pratique quotidienne/suivi.

• Il faut un certain temps pour «digérer» ce que l'on a appris dans un stage, et intégrer le travail réalisé pendant les deux jours.

• L'enseignement de AGI ne comporte pas beaucoup de savoir à emmagasiner. Il est avant tout pratique. L'utilisation quotidienne de la méthode entre les stages est aussi importante que les stages eux-mêmes. Des cours quotidiens sont totalement inutiles et seraient même dommageables.

• Pour un travail intensif et rapide, un stage par mois est l'idéal.

Les personnes qui débutent ont besoin de venir très souvent en stage pour intégrer l'enseignement à leur vie quotidienne et être guidées. Une fois dépassé le stade débutant, un stage tous les deux ou trois mois suffit.

L'enseignement de l'art de la guérison individuelle est vaste et doit comporter **plusieurs types de stages**. Certains stages permettent de transmettre les outils utilisés dans la pratique de AGI. Les stages pour débutants comprennent des outils tels que l'exploration émotionnelle ou la méditation qui sont à la fois les plus essentiels et ceux qu'un débutant est apte à utiliser. Les autres outils sont transmis dans des stages plus avancés. Mais au final, les stages «outils» sont assez peu nombreux.

La méthode comporte beaucoup plus de stages pratiques dans lesquels on aborde tous les domaines de la vie. En effet, les élèves doivent découvrir leurs croyances erronées - des parties de leurs programmes - sur un grand nombre de sujets très importants. Des thèmes tels que l'amour, l'argent, les hommes et les femmes, trouver sa voie, le corps, la sexualité, la famille, les relations, les responsabilités, les questions existentielles, et bien d'autres, sont explorés de façon aussi complètes que possible.

Plusieurs stages explorant plus profondément les bases du travail sont également nécessaires. Par exemple, j'ai créé des stages sur les différentes émotions, mais aussi des stages dont les thèmes sont «calme mental», «lâcher prise», «gérer le stress», «perception du monde», «accepter la réalité» et des séminaires de guérison, pendant lesquels tous les élèves reçoivent des soins et participent à ceux des autres. Ces stages ne peuvent avoir lieu sans un enseignant ayant déjà suivi le parcours de l'art de la guérison individuelle avec succès.

Le nombre de stages possibles est très élevé et il m'arrive encore d'en créer de nouveaux, en réponse à des besoins observés parmi les élèves. Il est probable que je puisse en créer encore beaucoup. **Ce que les élèves explorent avec l'art de la guérison individuelle, c'est la Vie ; et la Vie est vaste.**

Le déroulement des stages suit des règles précises. En général ils sont assez intensifs et ils nécessitent la présence de plusieurs instructeurs. Le nombre de stagiaires est limité à 12 pour les stages de week-end, et à 24 pour les retraites. Vous trouverez plus loin les règles que l'on suit en stage. L'une des conditions les plus importantes pour l'enseignement de l'art de la guérison individuelle est la sélection des élèves.

⁂

Sélection des élèves

J'ai toujours sélectionné mes élèves et je suis étonnée d'être pratiquement la seule à le faire dans le cadre du chamanisme comme du développement personnel. C'est à mon avis la première garantie d'un travail de qualité, totalement indispensable. Il est évident que tout le monde ne peut pas suivre mes stages tout simplement parce que :

• certaines personnes ne sont pas assez motivées : l'art de la guérison individuelle représente un énorme changement, qui demande une grande motivation. On ne peut pas parcourir ce chemin en touriste ou en suivant un stage de deux jours, pendant ses vacances.

• certaines cherchent autre chose que ce qui est proposé, par exemple de la magie (une personne ou une expérience qui suffirait à les changer, sans effort de leur part) ou du folklore

• de nombreuses personnes ne veulent pas vraiment travailler sur elles-mêmes : c'est souvent le cas de thérapeutes, qui estiment être du côté de l'aidant et non de celui qui doit travailler sur lui, à tort. Une personne qui prétend être ou devenir thérapeute doit avoir une grande exigence concernant son propre développement personnel et ne peut pas considérer qu'il est normal qu'elle ait encore des problèmes à régler. D'une façon générale, il faut se méfier car les gens disent vouloir travailler sur eux, mais une fois les pieds dans le plat, on peut se rendre compte que ce n'est pas du tout le cas. Il est donc nécessaire de tester un peu cette volonté.

• certaines ne sont pas prêtes à la sincérité que cela demande, envers soi et les autres, bref, ce sont des personnes qui se voilent la face à elles-mêmes avant tout et qui ne supporteront pas l'ambiance de vérité et le partage qui règne en stage, et pendant les rendez-vous.

• certaines personnes peuvent ne pas être prêtes pour d'autres raisons. Par exemple, certaines vont trop mal. Ces personnes doivent être dirigées vers des rendez-vous individuels en premier lieu.

• certaines personnes sont déconnectées de la réalité, cherchent à acquérir des pouvoirs, ou bien être dans un trip spirituel à la limite du délire.

Ce n'est pas possible d'accepter ces personnes en stage. Pour que les stages se passent bien, et surtout soient très efficaces en matière de développement personnel, il faut que toutes les personnes présentes aient le même but, et le même état d'esprit. Chacun vient avec son histoire, ses problèmes, et ses motivations personnelles, mais tout le monde doit venir dans le même but - travailler sur lui- et être apte à vivre les stages et à en respecter les règles. Il est également inutile de venir en stage si on n'a pas la motivation pour pratiquer l'art de la guérison individuelle dans sa vie quotidienne.

Les critères principaux de sélection sont la sincérité, la motivation, la compréhension de la démarche, et un état psychologique «normal».

La sélection des élèves représente un travail assez lourd en terme de temps et d'énergie. Pendant des années j'ai accompli ce travail, tout comme le suivi des élèves, de façon totalement gratuite. Etant donné que cela nécessite maintenant l'intervention de plusieurs personnes, il doit être rémunéré d'une façon ou d'une autre (prix du stage, rendez-vous payants, etc).

⁂

Ethique

L'enseignement et la pratique de l'art de la guérison individuelle demande une éthique stricte. Cela signifie une éthique dans l'enseignement, la sélection des élèves et leur suivi, mais également des règles qui doivent être respectées par tous pendant les stages.

Tout d'abord, l'éthique minimale consiste à bien sélectionner les élèves et à ne pas accepter quelqu'un qui ne serait pas à sa place dans la formation ou le stage demandé, quelle qu'en soit la raison. C'est facile de gagner de l'argent en inscrivant n'importe qui, mais ce n'est pas éthique. Dans le cas de formations sur plusieurs années, le fait de continuer à travailler avec quelqu'un peut être remis en question à tout moment, et en particulier à la fin de chaque année de formation.

En effet, on ne peut prédire tout ce qui va se passer au moment de la première sélection. C'est également au cours du travail que l'on doit continuer à vérifier que tout va bien et que la personne est effectivement à sa place en stage ou en formation.

Ensuite, le minimum est que les formateurs aient pratiqué sur eux l'art de la guérison individuelle pendant de longues années avec des résultats tangibles. On voit trop de personnes qui organisent des stages ou reçoivent des clients en rendez-vous et n'ont pas travaillé sur elles-mêmes, ou qui pensent avoir travaillé sur elles-mêmes parce qu'elles ont suivi une psychanalyse. Les formateurs doivent avoir suivi la méthode AGI® et avoir changé, concrètement, cela doit se voir. Ils doivent continuer à pratiquer sur eux continuellement et à explorer toutes les émotions qui se présentent.

Je ne donnerai pas à mes élèves l'autorisation d'enseigner ou de suivre des personnes en rendez-vous individuels, s'ils n'ont pas atteint le stade avancé, ou s'ils n'ont pas les qualités requises pour ce genre de travail. En effet, le travail sur soi est une chose, l'aptitude à encadrer des groupes ou à accompagner des personnes sur leur chemin en est une autre.

D'autre part, les élèves qui auront les qualifications pour enseigner ou accompagner devront être supervisés jusqu'à ce qu'ils aient acquis l'expérience nécessaire pour être totalement autonomes. Il est de mon devoir de vérifier que l'art de la guérison individuelle, méthode que j'ai mise au point, ne sois pas déformée, ou pire, récupérée par des personnes qui ne la comprennent pas.

Chacun des acteurs de AGI, y compris moi-même, doit s'engager à améliorer la méthode, son enseignement et sa pratique chaque fois que cela est possible ou nécessaire.

D'autre part, les formations ont lieu dans le cadre d'un contrat signé par les stagiaires et l'organisateur et doivent être respectés par les deux parties.

⁂

Règles de base

Ces règles doivent être suivies en stage, en rendez-vous, et hors des stages (forum et autres) :

1. Parler chacun à son tour

2. Ne pas juger (les autres stagiaires, les animateurs du stage, etc).

3. Ne pas projeter (sur les autres stagiaires, ou les animateurs du stage).

4. Eviter toute forme de provocation.

5. Prendre la responsabilité de sa personne, et de ses ressentis.

6. Respecter la confidentialité totale sur ce qui se dit et se passe en stage et sur le forum (ne pas en parler, et ne pas laisser d'autres personnes accéder au forum avec son compte).

7. Ne consommer aucun intoxicant : aucun alcool même le vin et même pendant les repas, aucune drogue. Le tabac n'est autorisé qu'à l'extérieur des bâtiments et en dehors des enseignements, pratiques et exercices, il est proscrit pendant les pratiques même si elles ont lieu à l'extérieur.

8. Respecter les personnes et les lieux de stage.

9. Respecter les horaires.

10. Participer à tout ce qui est proposé et être présent pendant tous les exercices.

Au cas où ce serait nécessaire, voici quelques précisions sur les règles les plus délicates.

1. Parler chacun à son tour : le travail que l'on fait en stage demande de l'attention, et du calme. Il n'est pas possible de supporter des bavardages, messes basses ou que des personnes interpellent les autres d'un bout à l'autre de la salle. Il n'est pas admis de couper la parole aux autres, mais il ne faut pas non plus parler dès qu'il y a un blanc. De nos jours, les gens ont un mental agité et ont souvent du mal à rester calmes et silencieux. Il faut faire un effort. Le travail demandé devrait vous occuper suffisamment. Dans le cas où votre programme vous pousse à parler dans un besoin de reconnaissance ou de convaincre, il faut vous autodiscipliner. Ce n'est pas possible d'accepter cela. Dans la pratique, chacun parle à son tour, c'est-à-dire quand la parole lui est donnée, ce qui arrive à chacun régulièrement. Les stagiai-

res sont régulièrement invités à poser des questions ou à exprimer leurs commentaires en rapport avec le sujet du stage. C'est à ce moment là qu'il faut le faire. Lorsque les personnes ont progressé dans l'art de la guérison individuelle, respecter ces consignes ne leur pose aucun problème. Quand cette consigne pose problème, elle donne matière à travailler sur soi avec les outils enseignés, comme tout autre ressenti. Bien que cette règle soit très simple, c'est la plus importante car elle permet le respect des autres règles et de mener le programme d'un stage à bien.

2. Ne pas juger : le programme de chacun le pousse à juger en permanence, de façon inconsciente et en étant toujours persuadé qu'il s'agit de la réalité et non d'un jugement. La règle «ne pas juger» est donc potentiellement impossible à suivre. Cependant, il est nécessaire de faire de son mieux pour la respecter, pour prendre conscience des jugements imposés par le programme et surtout, de ne pas forcément exprimer les jugements quand ils apparaissent. On ne peut empêcher les gens de juger, mais ils peuvent s'empêcher de jeter ces jugements à la face des autres. Il ne serait pas possible de travailler en développement per-

sonnel sans la présence de cette règle. Nombreux sont les stages dans lesquels les gens se sentent comme dans une fosse aux lions, chaque stagiaire se permettant d'exprimer ses jugements et laissant son programme le diriger. Pour pouvoir travailler sur eux, les élèves doivent trouver en stage et sur le forum, des conditions meilleures que dans leur vie quotidienne. Ils ne doivent pas craindre d'être constamment, jugés, ni d'être rejetés, pour ce qu'ils sont, ou pour ce qu'ils ressentent. Le respect des règles permet de travailler dans un contexte sécurisé. Sans cela il n'est juste pas possible de faire un vrai travail sur soi. Lorsqu'une personne juge (car son programme contient toutes les bases pour juger tout et tout le monde), elle doit regarder en elle et trouver la partie du programme qui est la source du jugement. Ainsi, le jugement lui-même, au lieu d'être une pollution très pénible, est la source d'un progrès dans l'art de la guérison individuelle. Mais il n'est jamais exprimé directement, au moment où il apparait. Les élèves peuvent en parler lorsqu'ils ont commencé à travailler sur le sujet. C'est très formateur de découvrir que nos jugements proviennent d'un programme. Bien évidemment il n'est pas plus permis d'exprimer des jugements sur les animateurs des stages que sur les stagiaires.

3. Ne pas projeter : Cette règle est plus difficile à comprendre, car beaucoup ne savent même pas ce que signifie projeter. C'est un sujet abordé en stage. En résumé, «projeter» signifie coller une image sur la réalité. On peut projeter sur une personne, une situation, etc. Toutes les projections sont dangereuses. Un exemple : j'entends parfois des élèves dire à d'autres «toi tu es doux, gentil, lumineux, etc». Bien que tout cela aie l'air très sympathique, c'est de la projection, et une projection est toujours dangereuse. Cette projection qui a l'air si gentille est tout d'abord fausse. Elle enferme la personne sur qui elle est projetée, qui n'est pas l'image qu'elle donne. La personne que certains considèrent comme douce et gentille peut avoir beaucoup de colère ou de violence en elle. Et c'est la même chose quand on projette sur quelqu'un des choses moins gentilles. Cela n'est pas la réalité. L'art de la guérison individuelle a pour but de sortir de l'illusion pour percevoir la réalité telle qu'elle est. Il faut bien comprendre que les gens ne sont pas ce qu'on croit qu'ils sont, et que vous-mêmes n'êtes pas ce que les autres pensent sur vous. On ne peut

pratiquer l'art de la guérison individuelle et rester dans le domaine des apparences, des rôles et des jugements. Cette règle est donc très importante.

4. «Ne pas provoquer» : pendant les stages, la bonne volonté de chacun est de mise. Sous prétexte de vérité il peut arriver que le programme de certains stagiaires les pousse à être provocants. Cela ne mène à rien de bon, et par conséquent ce n'est pas permis. Si une personne estime avoir à se plaindre de quelque chose, elle le dit, une fois, une seule, et après avoir regardé ce qui se passait en elle. Elle ne le jette pas à la figure des autres, et elle ne le ressasse pas.

5. Prendre la responsabilité de ses ressentis et de sa personne : C'est la base du développement personnel et de l'art de la guérison individuelle : comprendre que les autres ou leurs comportements ne sont pas responsables de nos ressentis. C'est notre programme qui est la source de nos ressentis. Travailler sur soi et pratiquer AGI, cela revient à prendre la responsabilité totale de sa vie. Pendant tout son parcours avec nous, chaque élève reste totalement responsable de sa vie, de ses choix, de ses actes, de ses pensées, et de ce qu'il ressent. Bien

entendu, chacun est responsable de la façon dont il évolue sur son chemin de libération, avec l'art de la guérison individuelle.

Les autres règles me semblent faciles à comprendre ; il n'est donc pas nécessaire de les développer.

⁂

Suivi

Les stages sont les moments où les élèves rencontrent les instructeurs pour recevoir l'enseignement et partagent avec les autres élèves dans le cadre d'un travail de développement personnel qui les remue et les aide. Tout cela est très bon. Mais de mon point de vue, il est nécessaire de suivre les élèves d'assez près, et cela d'autant plus qu'ils ne viennent pas très souvent en stage.

Lorsque j'ai commencé à enseigner, de la même façon que je savais qu'il fallait sélectionner les élèves, il était évident pour moi qu'un suivi était indispensable. Malheureusement, la plupart des stages de développement personnel proposés ne sont pas assortis d'un suivi digne de ce nom. Ainsi, les personnes qui participent à ces stages sont ensuite livrées à elles-mêmes. Cela pose deux gros problèmes :

1. Lorsqu'une personne va mal suite à ce genre de stage (ce qui est normal et très courant puisqu'il s'agit de stages pour changer), on ne lui donne pas l'aide dont elle a besoin, et qui peut faire toute la différence. Je reçois depuis des années des emails de personnes paniquées et qui ne comprennent pas ce qui leur

arrive suite à un stage réalisé sans sélection et sans suivi.

2. Le travail ne peut pas se limiter au temps du stage. Il est essentiel de suivre ce qui se passe pour les gens entre les stages, d'être là pour continuer à les guider dans le travail qu'ils font en autonomie. Il faut les conseiller sur les outils à utiliser en fonction des situations qu'ils rencontrent, vérifier qu'ils le font correctement, leur poser des questions pertinentes, leur proposer des pistes de travail, les rassurer quand ils sont perturbés. Sans cela, l'efficacité est médiocre, voire nulle. D'une façon générale il faut comprendre que le travail en stage ne peut suffire.

Le suivi est donc indispensable. Evidemment cela n'est pas rentable de conseiller les gens au quotidien gratuitement comme je l'ai fait pendant des années, c'est pourquoi très peu de personnes proposant des stages ou des formations offrent un réel suivi. Une partie du suivi peut être réalisé sous forme de rendez-vous individuels payants. Mais ce n'est pas suffisant ni généralisable, non seulement parce que la plupart des gens n'auraient pas les moyens de venir assez souvent, mais aussi parce que les instructeurs n'auraient pas le temps de recevoir tout le monde, et parce que les élèves sont éparpillés aux quatre coins de la France, ainsi qu'à l'étranger.

Ainsi la partie la plus importante du suivi doit avoir lieu sur internet, et ne peut être rémunérée. Je ne doute pas que certains formateurs qui sont plus des hommes d'affaires qu'autre chose parviendraient à trouver un moyen de faire payer cela, mais en ce qui me concerne, je pense qu'on ne peut pas faire commerce de tout. Il est possible d'organiser des réunions payantes sur Skype ou des suivis par email payants, mais rien ne remplacera la convivialité d'un forum où tous les élèves peuvent partager librement et gratuitement tout en étant lus et conseillés par les formateurs quand cela est nécessaire.

⁂

Enseigner, animer des stages, guider d'autres personnes dans l'art de la guérison individuelle n'est pas facile. Cela demande beaucoup d'expérience. L'expérience la plus importante provient de son propre travail sur soi, de sa propre pratique de l'art de la guérison individuelle. Sans celle-ci, il n'est pas possible d'aider les autres sur ce chemin. Cette expérience permet de comprendre ce qui se passe pour les élèves, mais aussi de comprendre vraiment la méthode et ses outils.

D'autre part, pour guider les autres il faut y voir clair et cette capacité provient avant tout du fait qu'on a effacé son programme. Les instructeurs doivent donc avoir parcouru l'art de la guérison individuelle le plus amplement possible. De ce fait, ni eux ni moi ne voyons la vie comme la voient les élèves. C'est une chose qui nous sépare d'eux, tout en nous permettant de les aider. Si celui qui instruit est comme son élève, il ne peut rien lui apprendre. D'autre part, on ne peut pas guider quelqu'un au-delà du chemin qu'on a parcouru soi-même.

Les instructeurs et moi-même devons par conséquent être très attentifs à notre positionnement par rapport aux élèves. J'ai une très grande expérience en la matière et j'ai pu observer où se situaient les risques de l'enseignement d'une méthode de développement personnel telle que l'art de la guérison individuelle.

Tout d'abord il convient de veiller à ne jamais entrer dans le jeu du programme des élèves. Par exemple, ne pas prendre au sérieux leurs compliments et ne jamais permettre qu'ils jugent devant nous les autres instructeurs, nous-mêmes, ou les autres stagiaires. Les élèves auront tendance à rechercher et préférer les instructeurs qui répondront à leurs attentes, ou plutôt aux attentes de leur programme.

Par exemple, beaucoup de personnes se comportent en victimes sans s'en rendre compte. Cela se caractérise par l'impression que le monde est mauvais, et une tendance à se sentir agressé en toute circonstance. Ces personnes n'assument pas leur responsabilité : ce qu'ils ressentent est toujours le fait des autres. Elles cherchent à attirer l'attention, et à être protégées. Elles ont aussi tendance à voir des injustices partout et à vouloir les réparer. Il faut absolument éviter de les traiter avec complaisance. Ce n'est pas en entrant dans ce jeu qu'on les aide.

De même il faut faire attention à ne pas avoir un comportement maternel ou paternel. Les élèves sont tous en manque d'amour, et ils sont en grande demande. Cependant ils ne doivent pas attendre de nous autre chose qu'un enseignement et un accompagnement de qualité. Il m'arrive de donner des soins et de prendre les gens dans mes bras. Alors ceux-ci sentent l'amour inconditionnel. Il faut être prudent et garder la distance, car ces personnes auront tendance à projeter sur moi et à avoir des attentes énormes. Elles auront aussi tendance à attendre que je les sauve plutôt qu'à penser qu'elles ont le pouvoir de se transformer. Il en sera de même avec les instructeurs.

J'attire votre attention sur le fait que lorsqu'on suit un élève pendant des années, et qu'on connait petit à petit une grande partie de sa vie, mais surtout de ses émotions, conflits intérieurs, blessures, il est très difficile de considérer encore cette personne comme un étranger. Cela est particulièrement vrai lorsque l'on a pratiqué des soins chamaniques comme je le fais, car les soins nécessitent de ne percevoir aucune barrière entre soi et l'autre. J'ai toujours éprouvé de la difficulté par exemple à continuer à vouvoyer la personne après un soin. Ce n'est pas facile de maintenir une distance évitant tout attachement de la part de l'élève après avoir participé activement à un soin qu'il a reçu. Ce n'est pas non plus évident de maintenir cette distance alors que l'on partage en stage sur des vécus et ressentis dont il est parfois impossible de parler à sa propre famille. Faire cohabiter sincérité/proximité/partage et distance est délicat. Les élèves ne peuvent pas toujours faire la part des choses, du fait même de leurs programmes.

Il faut toujours veiller à éviter les phénomènes de transfert, car de mon point de vue ils empêchent la guérison. Le comportement des instructeurs doit toujours aller dans le sens de la vérité et donner à l'élève le maximum de pouvoir sur sa transformation. Il faut le lui dire, et le lui montrer. Ceux qui n'acceptent pas la responsabilité de leur vie n'iront pas loin de toute façon. C'est une règle de base essentielle : prendre la responsabilité, regarder en soi et non à l'extérieur.

Il n'en est pas moins vrai que l'Art de la Guérison Individuelle doit être pratiqué et enseigné avec bienveillance. L'art de la guérison individuelle en réalité repose sur la bienveillance et la compassion. Cela ne signifie ni mièvrerie, ni facilité, ni flatterie. Il ne s'agit pas de brosser les gens dans le sens du poil. Seule la vérité libère. Les instructeurs doivent décourager tout ce qui se fonde sur quelque chose de faux et encourager la vérité.

Mais on ne peut pas donner toute la vérité à quelqu'un, à n'importe quel moment. Il faut lui donner la vérité qu'il peut entendre, en particulier au moment où il en a besoin. Comme dans la vie, je conseille d'enseigner l'art de la guérison individuelle en étant le plus vrai possible tout en évitant ce qui ajoute de la confusion sans apporter de bénéfice.

Je n'ai jamais dit qu'aider les autres était facile. C'est un art qui ressemble à de la haute voltige et comporte même des risques. Je crois, qu'il faut ici renoncer à un idéal : celui que tout se passe parfaitement, ou celui d'avoir le pouvoir d'agir toujours parfaitement. Cette perfection, comme les autres, n'existe pas en ce monde. J'ai eu le loisir d'observer de grands maîtres spirituels et bon nombre de leurs paroles ou actes étaient fortement discutables.

Il faut donc faire de son mieux pour se comporter avec le plus de justesse possible, et toujours veiller à ce qui se passe, pour pouvoir rectifier le tir autant que possible. Des partages entre instructeurs et moi seront nécessaires pour éviter les erreurs autant que possible.

Quoi qu'il en soit, il ne faut pas oublier que les élèves sont les vrais responsables de leurs réactions, de leurs choix, de leurs pensées, émotions et de la façon dont ils mènent leur travail de développement personnel.

⁂

Bien que le parcours de chaque élève soit personnel et unique, on peut remarquer certaines choses en observant l'ensemble des élèves depuis plusieurs années.

Tout d'abord, soyons réaliste, si on veut vraiment se libérer totalement de son programme, de ses conditionnements, il faudra bien évidemment plusieurs années. Les élèves changent vite, et au bout de 6 mois à un an, on voit bien la différence, parfois dès le premier stage, il y a suffisamment de prise de conscience pour que quelque chose ait changé définitivement. Cependant, la pratique de l'art de la guérison individuelle révèle le programme et les choses à effacer autant qu'elle permet de les transformer.

Au fur et à mesure de leur parcours et souvent dès le premier stage, les élèves découvrent des choses en eux dont ils n'avaient pas conscience, dont ils ne se doutaient pas. Le programme est énorme ! Les élèves qui débutent pensent avoir certains problèmes - et parfois même un ou deux gros - mais ils réalisent vite que c'est beaucoup plus vaste que ce qu'ils imaginaient. Le programme est partout, dans tout. Cela peut être décourageant, mais en réalité les progrès sont à la mesure de cette prise de conscience.

Le temps passé pour se libérer du programme n'est pas important car très vite l'élève constate de toute façon une nette amélioration de sa vie. Comparé à n'importe quelle autre méthode, l'art de la guérison individuelle est plus rapide. Il faut comprendre également que si dans l'absolu on peut se débarrasser de son programme d'un coup et en un instant, dans la pratique ce n'est pas possible.

Ce qui limite la vitesse de transformation, c'est avant tout ce que les gens sont aptes à supporter. Les changements doivent être intégrés au fur et à mesure qu'ils ont lieu (toujours par le processus d'adaptation naturel). Cela peut être douloureux. Régulièrement l'élève perd ses repères, l'équilibre construit auparavant, et doit retomber sur ses pattes. Cela se fait naturellement. Le rythme du changement dépend de chacun. Et comme dans ma méthode il n'y a aucun interventionnisme, rien n'est forcé ni précipité, et c'est vraiment la personne qui détermine son rythme, non par choix, mais par respect pour sa personne, et en se laissant guider par ce qu'elle vit. Ainsi tout se passe au mieux.

Si un élève est sérieux dans la pratique, en un an il a déjà bien changé, en trois ans le plus gros du travail est réalisé, mais alors commence le plus difficile : se débarrasser de choses auxquelles ont était attaché, qu'on ne voulait pas changer au départ.

Le parcours classique suit un ordre naturel. Au commencement et pendant un certain temps, l'élève travaille sur des souffrances, des traumatismes du passé, des croyances qui lui gâchent la vie quotidiennement. Bref, il s'attaque à ce pour quoi il a voulu entamer ce chemin. Mais au fil du temps, l'élève va plus loin que cela. Sous les gros cailloux, qu'il a maintenant retirés, il découvre des cailloux de taille moyenne, puis de petits cailloux, puis du sable fin. Dans la réalité, cela n'est pas tout à fait ainsi, cependant, c'est une image. Certains élèves peuvent très bien découvrir de petits cailloux tout en ayant encore de gros cailloux bien présents. Disons que c'est un schéma de direction général.

Que sont ces choses que l'on découvre et dont on n'était pas conscient avant, ou même qu'on aimait auparavant ?

Cela peut être des idéaux : le travail sur les idéaux est très important car ils nous séparent de la réalité et sont sources de souffrances et de difficultés à gérer la réalité de la vie. Les idéaux sont par nature des choses qui n'existent pas, après lesquelles on court. Il est impossible de les atteindre car ils n'existent pas. La tentative de s'y conformer crée des souffrances et complique énormément la vie.

Cela peut aussi être des schémas comportementaux que l'on estimait positifs auparavant. Par exemple le fait de toujours chercher des solutions à chaque problème, d'être toujours en mode actif orienté solution. Au premier abord ce genre de personnes réussissent pas mal de choses et vous pensez peut-être que c'est très bien d'être comme ça. A chaque problème il y a une solution, et il faut se bouger pour la trouver. Le hic, c'est que c'est faux. Tout n'a pas de solution, et même s'il y en a une, ce n'est pas forcément à soi de la chercher/trouver. Il est de la plus haute importance d'être capable de ne rien faire et d'accepter que parfois, il n'y ait rien à faire. C'est très difficile pour les personnes du type «actif orienté solution».

Lorsque les élèves arrivent à travailler sur ce genre de choses, c'est qu'ils se rendent compte qu'elles leur posent problème. Ils rencontrent un «os» dans leur vie, simplement. Et oui même l' «actif orienté solution» peut se retrouver coincé.

En effet, du moment qu'on nie la réalité d'une quelconque façon on risque de se la prendre en pleine figure comme un mur. Ainsi, l'élève voit qu'il a un problème, et s'il est honnête il verra que ce problème provient d'idéaux ou de comportements qu'il ne lui serait pas venu à l'esprit de remettre en question auparavant.

Personne ne peut obliger un élève à travailler sur quelque chose ou à renoncer à un idéal. Chaque fois que l'on change grâce à l'art de la guérison individuelle, c'est parce qu'on le souhaite. Et si on le veut, c'est car on réalise que ce qu'on doit abandonner nous crée des problèmes.

En continuant ainsi, l'élève peut aller aussi loin que possible, c'est-à-dire jusqu'à effacer tout le programme. Une fois cela fait (en général), il est possible que l'élève connaisse une expérience d'éveil (au sens bouddhiste). En effet, l'éveil spirituel consiste à voir les choses telles qu'elles sont, et pour cela, il faut se débarrasser de tout ce qui nous en empêche, ce qui signifie majoritairement le programme.

La plupart des gens cependant arrêteront bien avant d'en arriver là. En effet les élèves cessent le travail quand ils en ont marre de travailler sur eux et parce qu'ils ont déjà dépassé les objectifs qui étaient les leurs quand ils ont commencé. Généralement, les personnes qui arrêtent ont obtenu plus que ce qu'elles espéraient en débutant sur ce chemin, beaucoup plus que ce pour quoi elles sont venues me voir (cf le chapitre «but de la méthode»). L'art de la guérison individuelle exige du temps, de l'attention, de la motivation, et quand on va bien celle-ci n'est plus suffisante. Malheureusement il arrive aussi que certains fassent preuve de mauvaise foi et ne veuillent tout simplement pas regarder certaines vérités, certaines parties de leur programme.

Chacun est libre de s'arrêter quand il veut, et d'aller aussi loin qu'il en est capable. Mais pour aller loin, il faut maintenir sa motivation, continuer à pratiquer et rester totalement sincère.

⁂

QUATRIEME PARTIE : TEMOIGNAGES

Quelques élèves ont offert d'écrire un témoignage concernant leur parcours avec moi. Les témoignages seront écrits en italique.

⁂

Témoignage d'Estelle

J'ai rencontré Valérie en 2009 suite aux conseils de ma tante qui avait déjà fait quelques stages avec elle.

J'allais très mal et ce depuis plusieurs années. J'avais fini par me qualifier de dépressive, car c'est un terme que j'entendais et qui se rapprochait le plus de ce que je ressentais et vivais.

En 2009 j'avais 28 ans, et depuis l'âge de 18/ 20 ans je traversais des moments très sombres, où je me sentais seule, triste et désespérée. J'avais l'impression que c'était ma faute, qu'il y avait des choses que je devais faire pour me sentir mieux et m'en sortir, mais je ne savais pas quoi exactement, ou alors je croyais ne pas en avoir la force.

Je me sentais aussi très mal avec les gens. J'ai longtemps été timide.

A 18 ou 20 ans on se laisse porter par la vie, mais passé un âge tout ça devient vraiment handicapant... Trouver un boulot, un amoureux, des amis. Être en relation avec la famille, ou même des inconnus, tout ça m'était difficile. En fait je ne m'acceptais pas du tout telle que j'étais, je me maltraitais. En croyant bien faire bien sûr.

Je ne voyais pas d'issue à mes problèmes et ça aggravait la mauvaise image que j'avais de moi.

Je me rappelle passer quasiment tout mon temps libre chez moi, à désespérer. A avoir peur de sortir, de croiser les gens. C'était par périodes, parfois si une chose allait bien (j'avais trouvé un travail, un copain, ou autre), je pouvais me sentir très euphorique et pleine d'énergie. Puis pouf à la première contrariété je plongeais, tout s'écroulait et je me réfugiais dans mon lit à pleurer, m'isoler des semaines entières.

Bref après avoir vu une naturopathe et une psychologue (ça y est je demandais de l'aide !), j'ai été mise sur le chemin de Valérie !

Elle aussi décrivait les symptômes que je connaissais bien. Et dans ses mots passaient clairement l'idée qu'on pouvait guérir des causes de ces symptômes.

(Oui car je croyais que c'était MOI qui était comme ça, handicapée de la vie, que ça venait de mon moi, que j'étais comme ça, pas comme il faut du coup.)

Et il était clair aussi, dans tout ce qu'elle disait, que nous ne sommes pas coupables de ressentir ces choses, de nous sentir comme ça. C'était un souffle d'air frais que j'ai senti à ce moment là, et ça ne s'est pas démenti. En effet beaucoup du travail avec Valérie consiste à se pardonner, s'aimer, s'accepter.

Ça a été assez dur pour moi par moment, car ces notions m'étaient étrangères, j'étais beaucoup en bataille contre moi-même, souvent sans m'en rendre compte. Donc ça a nécessité du temps, des stages, du travail sur moi-même. Du partage avec les autres élèves aussi.

Au début il y a eu de grosses découvertes, sur moi, sur la vie, sur ce que je croyais de la vie, ou sur moi.

Ce sont des bouleversements, mais je ne le vivais pas comme ça, car tout ce que je découvrais était plus vrai, plus proche de la réalité, tout se clarifiait, devenait plus simple, et donc plus agréable aussi.

J'avais une vision plus claire des choses (d'ailleurs j'ai eu quelquefois la sensation physique que mes yeux se dessillaient littéralement lors des stages, ou j'avais l'impression que mes yeux étaient plus grands quand je revenais de stage).

J'étais capable de discerner ce qui venait de moi, mes ressentis, mes peurs, mes blocages, de ce qui venait des situations, ou des autres personnes.

Ça a été très important de débrouiller tout ça et de commencer à être capable de faire la part des choses. Je vivais vraiment dans un brouillard très très confus avant ça, en fait. Et très désagréable, aussi.

Donc aujourd'hui je continue ce travail. La notion de travail est importante. Si on ne fait rien il ne se passe rien, rien ne change.

Je ne dis pas que je passe mon temps à faire mon développement personnel. Mais à chaque fois que je le désire, je peux mettre en application un des nombreux outils enseigné par Valérie, pour m'aider.

Et au fur et à mesure que j'agis je vais de mieux en mieux. Tout s'améliore, dans tous les domaines de ma vie. Je ne passe plus mon temps chez moi à ruminer. J'ai plus de force, plus de recul, j'ai quasiment guéri ces blessures qui m'handicapaient au quotidien.

J'ai retrouvé une certaine forme d'espoir, de confiance, je sais que les choses ne pourront que s'améliorer si je le souhaite, et que la vie n'est pas si mauvaise que ça.

Je ne sais pas ce que j'aurais fait si je n'avais pas croisé la route de Valérie. Je ne peux pas m'imaginer en ayant continué ma vie comme avant. Quelle torture... !

Je dois dire aussi que je sens profondément que ce travail est sain. Comme s'il répondait à quelque chose que je sentais déjà comme bon au fond de moi, mais que j'avais perdu ou enseveli.

⁂

Témoignage de Margaux

Lorsque j'ai rencontré Valérie, j'avais 24 ans. Je faisais des études de psychologie, et même si l'université dans laquelle j'étais n'incitait pas ses élèves à faire un travail sur eux, cela me paraissait plus qu'obligatoire pour notre corps de métier. Comment être un bon psy si on n'a pas résolu ses « problèmes » ?

Un soir j'ai fait connaissance avec une élève de Valérie et c'est comme ça que j'ai entendu parler de Valérie pour la première fois.

J'aurais trop honte de vous faire lire mon premier mail de demande pour faire un stage avec elle ! Je l'ai relu un jour et le moins que l'on puisse dire c'est qu'il était compliqué... Je disais à Valérie que je voulais aider les autres, que je voulais m'aider aussi, mais dans le but d'aider les autres ! Je lui listais toute ma science de l'époque, les livres que j'avais lu ainsi que mon parcours que j'avais fait jusqu'à présent (j'étais déjà allée voir des psychologues, une guérisseuse...). Je me souviens que suite à ce mail compliqué, Valérie m'avait dit qu'elle ne pensait pas que ses stages me conviendraient car c'était pour travailler sur soi et non pour aider les autres... Je me suis empressée de lui répondre que j'avais bien compris et que j'étais d'accord pour me centrer sur moi uniquement. Et c'est comme ça que j'ai fait mon premier stage.

A l'époque j'avais déjà vécu des choses lourdes, mais je n'acceptais pas que j'ai pu avoir des problèmes car comme on me l'a souvent répété « mes parents n'ont jamais divorcé, je n'ai pas été battue et je n'ai jamais eu de problèmes d'argent ». Donc je ne pouvais pas avoir de problèmes ! J'avais eu une enfance idéale, de quoi je me plaignais ?

Mais pourtant j'ai toujours ressenti un mal être, je DEVAIS être heureuse mais je ne l'étais pas. Jeune, je me sentais souvent incomprise, en colère, triste, avec un fort sentiment d'injustice, d'incompréhension... J'étais très indépendante mais perdue. Je ressentais que quelque chose n'était pas « normal », que ça ne pouvait pas être ça la vie, mais je n'avais pas d'alternative.

A 15 ans je fumais des joints quotidiennement le soir pour apaiser mon mal être.

Lorsque j'ai rencontré Valérie, j'étais une jeune femme stressée, angoissée, j'avais énormément de peurs : peur d'être rejetée, isolée, qu'on ne m'aime pas, je voulais qu'on m'aime ! Les rap-

ports avec ma famille étaient compliqués, je sentais qu'on attendait des choses de moi, des comportements que je n'avais pas naturellement, je devais me forcer et je culpabilisais de ne pas être ce qu'on attendait de moi.

Dans ma tête j'étais très compliquée, rien n'était simple, j'avais un mental super actif !

Je voulais vivre une histoire d'amour solide et épanouissante, mais je me faisais des films plus vite que mon ombre sur n'importe quel garçon qui passait. Pour peu qu'il ait montré 2 signes d'intérêt pour moi la machine à film s'emballait et c'était le nouvel homme de ma vie ! Donc autant vous dire que je les faisais tous fuir !

Je n'étais pas spontanée dans mes relations avec les autres, sauf peut être avec mes meilleures copines.

Je ne fumais plus mais je buvais. Je ne buvais que quand je sortais, et je sortais très souvent. Je ne pouvais pas m'amuser sans alcool, ça me permettait d'être moi.

A l'époque quand j'étais avec d'autres personnes j'étais obnubilée par le regard des autres, ce qu'ils pensaient de moi, et je voulais que tout le monde m'aime. C'est un détail dont je me suis souvenue récemment et qui me parait loin car cela a complètement disparu du fait de mon travail avec AGI.

Mon premier stage avec Valérie a été très fort pour moi, je sentais que j'avais enfin trouvé ce qui allait me faire du bien. J'étais très heureuse de ce premier stage, même si j'ai appris plus tard que ce stage n'était pas un bon stage pour Valérie, car une partie des stagiaires n'étaient pas à leur place (et il faut bien dire, certains étaient assez bizarres).

Mon deuxième stage fut un séminaire de guérison, et j'ai eu le sentiment d'avoir retrouvé ma joie de vivre à ce moment là. C'était très bizarre ce séminaire car je ne connaissais quasiment personne, je n'avais aucun outil, j'étais spectatrice de toute une façon de faire que je ne connaissais pas. Mais ça m'a fait tellement de bien ! J'en garde encore aujourd'hui une sensation forte d'humanité, d'acceptation de ce que je suis, d'amour, de normalité.

J'ai beaucoup beaucoup pleuré pendant mes premiers stages. J'ai beaucoup travaillé chez moi, sur le forum, par mail, en stage... Je voulais m'en sortir, être heureuse. Je prenais comme base de travail les émotions que je rencontrais dans mon quotidien.

Et voilà, 6 ans après je ne suis plus la même personne. Je suis enfin moi. Je ne me force plus dans mes relations, je n'ai plus peur d'être rejetée, je n'ai plus peur de ce que les autres pensent de moi. Je ne me fais plus de films amoureux. Ça m'a permis de rencontrer un gentil garçon qui partage ma vie. Je dis gentil et c'est important car avant je trouvais qu'un garçon gentil c'était bof, il fallait que le garçon soit un peu compliqué, un peu «bad boy», pas trop gentil car ça fait faible (mon dieu mon dieu !!).

Désormais je me sens bien quand je suis en famille, je suis naturelle, je ne me force plus, j'ai trouvé mon équilibre.

Je m'aime inconditionnellement.

Maintenant au lieu de réfléchir, je sens. Ma façon de voir la vie est beaucoup plus simple, plus terre à terre, je ne plane plus.

D'ailleurs je ne bois plus non plus. Je sors, je fais la fête, mais je n'aime pas boire de l'alcool, j'aime être moi !

L'Art de la Guérison Individuelle m'a permis, et me permet encore, de vivre le mieux possible tout ce qui se passe dans ma vie, chaque difficulté est une occasion de déceler le programme, de travailler sur moi, de découvrir de nouvelles choses et de m'en libérer. Et en 6 ans j'en ai eu un paquet d'événements, à commencer par le fait de devenir mère.

Aujourd'hui j'aime expérimenter la Vie, je n'en ai plus peur, ça me réjouit même. Il est bien loin le temps où tout me paraissait compliqué, tout est tellement plus simple désormais dans ma tête, dans ma vie, dans mes relations...!

⁂

Témoignage de Aude

Difficile de parler de soi, de mettre des mots justes pour exprimer ce qu'on ressent. Pour écrire ce témoignage, je n'ai pas eu envie d'aller relire ce que j'avais écrit depuis avril 2009, période à laquelle j'ai commencé ce travail avec Valérie Tardy. Pas eu envie de lister concrètement les croyances que j'ai effacées, ni de parler en long et en large des changements que j'ai faits dans ma vie.

J'ai plutôt eu envie de parler d'un ressenti intérieur profond, et d'une renaissance dont je ne mesure pas encore les effets et qui a eu lieu à la dernière retraite proposée par Valérie en juillet 2015. Cela faisait plusieurs fois que des explorations émotionnelles me ramenaient à un blocage, une porte close au-delà de laquelle je n'arrivais pas à aller, peut être comme un anéantissement, je ne saurais le nommer précisément. De la même façon, je rencontrais souvent une sensation de vide, comme si mon ventre en particulier était creux, qu'il n'y avait rien dedans.

Un soin chamanique particulièrement marquant a fait remonter énormément de souffrance éprouvée enfant : sous une énorme couche de tristesse, Valérie a ressenti qu'il fallait aller chercher la vraie Aude, et qu'il fallait le désirer très fort.

Pendant le processus réalisé par un stagiaire, j'ai ressenti violemment d'un côté tous ces rôles que j'endosse, des Aude fabriquées, et qui sont plébiscités par les autres, et d'un autre côté tout le rejet intense de la vraie Aude. Difficile d'aller me chercher, cela demande une innocence et une ouverture totale, une capacité d'accueillir toute cette souffrance qui ne demandait qu'à se déverser, qualités qu'on développe au fur et à mesure de ce qu'on traverse soi- même et de ses libérations... Bref il aura fallu que Valérie vienne accueillir simplement tout cela pour que ça sorte de moi. Tout ce que je sens sortir à ce moment là est ancien, j'en trépigne des jambes comme une gamine, ça se déverse sans que je puisse toujours sentir exactement de quoi il retourne. Il me faut ensuite accepter d'avoir connu tout ça, même si j'ai toujours considéré mon enfance comme facile, accepter que je me suis fabriqué tout ce programme, que j'en suis responsable (et pas coupable), et que ce n'est pas rejeter mes parents que de reconnaître tout ça... Surgit ensuite le ressenti d'être/d'avoir été mauvaise avec mes enfants, dont je projette qu'ils auront autant de paquets de souffrance à sortir, la honte et la culpabilité m'envahissent, c'est trop tard, c'est fait, je ne peux pas réparer... puis un processus version rapide s'enclenche, acceptation de tout ça, d'avoir fait ce que j'ai pu avec tout ce que je portais, puis c'est comme si je demandais à Valérie ce qu'il me restait à faire pour terminer le processus en cours, et qu'elle me répondait « te pardonner », et hop je me suis pardonnée... la puissance de l'amour inconditionnel que Valérie me faisait sentir à ce moment là a sûrement été à l'oeuvre ? Comme un « rouleau compresseur » qui m'aurait vidé de tout mon pus...

Quelques heures plus tard, j'ai pris conscience de certaines choses déjà senties brièvement, ou seulement lues / entendues mais restées à un stade intellectuel...

D'abord c'est comme si j'avais attendu ce moment depuis le début de ce travail, comme si je savais que ça allait arriver. Même si je suis bien consciente que je ne suis pas totalement libérée et qu'il me reste encore des croyances, des idéaux à effacer !!! En même temps c'était tellement fort... et pourtant je n'ai certainement pas encore intégré tout le soin, cela va prendre des semaines voire des mois à comprendre ce qui s'est joué là si tant est que cela passe par ma conscience, en tout cas à me sentir différente dans certaines situations ! Je mesure déjà certaines choses au tour de parole du lendemain matin. Par exemple lorsque j'interromps un autre élève, mon mental rôdé s'élève déjà pour me juger d'un « c'est pas bien », mais là je le coupe et je me pardonne, je ressens de l'amour pour moi et non plus de la honte d'avoir mal fait, je me sens capable de tirer des leçons de cette expérience anodine (ne plus couper la parole) en sachant pourquoi au lieu de rester figée dans un rejet de moi-même, de cette Aude qui n'a pas été « parfaite » à ce moment-là, dans cette culpabilité d'avoir fait une faute ! Ou lorsqu'une autre élève parle de son désarroi à ne pas être capable de m'aider lors de mon soin : nouveau pour moi, je ne me sens pas coupable de générer ces émotions chez l'autre... Tout cela reste à explorer au fur et à mesure des situations qui se présenteront bien sûr, mais ce sont déjà les premiers effets qui se font sentir !

Ensuite, si je ne sais pas ce qui va se passer maintenant, que ce soit en développement personnel ou dans ma vie, ben je dois dire que je m'en fiche ! Ce qui s'est passé me donne une certaine idée de ce dont la vie est capable ?

Je réalise aussi que tout cela n'est pas « scientifiquement prouvable », mais pourtant j'ai bien contenu toute cette souffrance (ça me semble encore énorme tout ce qui est sorti !). Donc quelque part, l'énergie (ou quoi que ce soit selon comment on veut l'appeler...) existe, tout cela existe même si ce n'est pas détectable, mesurable, par un appareil (existant à ce jour). Et ce soin a eu lieu et a des effets, directement (cf ci-dessus) ! Alors je trouve que ça permet de relativiser tout le poids qu'on accorde à la science dans notre société ! Je « vis » ce recul, c'est comme si ce qui s'est passé me renforçait dans ma foi en l'Art de la Guérison Individuelle de Valérie ! Et comme si aussi tout cela me donnait aussi plus de patience, car il aura fallu quand même 6 ans pour que ça arrive (je dois dire que durant mes premières années de travail, je ne sais pas trop ce que je faisais mais je ne pense pas que j'utilisais les outils de façon efficace, que ce soit le reiki, les voyages chamaniques, l'exploration émotionnelle...etc, il m'aura fallu plusieurs années pour que le déclic se fasse et que j'avance réellement), mais c'est arrivé !

Je « comprends » aussi le don de soi, Valérie avec toute son « innocence » et tout son amour inconditionnel, accepte pendant les soins de traverser toute cette souffrance avec nous, de la ressentir, qu'on la déverse en elle en quelque sorte, alors que nous-mêmes refusions bien souvent de la sentir auparavant ! Quelque part cela ne la concerne pas, et elle pourrait très bien éviter de ressentir tout ça comme nous le faisons bien souvent avec notre propre souffrance...

J'ai aussi ressenti de la gratitude pour moi, pour ce travail accompli, souvent maladroitement, j'ai quand même fait ce qu'il fallait pour être prête pour ce jour ! Alors merci à Valérie, à mon groupe de retraite, à tous ceux qui ont contribué à m'amener à ce jour, et merci aussi à moi.

Au passage, je ne voulais pas de soin, je pensais qu'il y avait encore à creuser, notamment sur mes idéaux, que je n'étais pas prête... je vois à quel point le programme peut mettre en oeuvre tout un tas de stratagèmes pour sa survie à lui !

Énorme aussi de voir tout ce qu'on peut contenir de souffrance, et continuer à vivre (ou à survivre plutôt ?)...

Enfin, il m'est apparu aussi impossible de ne pas continuer à offrir cette possibilité de guérison aux autres, quelles que soient les difficultés que rencontre Valérie pour la pérennité de son entreprise et la survie financière de sa famille.

Et quelques jours encore plus tard, il me semble sentir le lien avec d'une part ce sentiment de « pas vivre » qui m'habite depuis l'enfance, ce non-goût de la vie, comme un truc en filigrane, qu'on supporte voire qu'on ne voit même plus mais qui est toujours là... et d'un autre côté, le lien avec cette recherche désespérée de me remplir : par l'alcool avec des soûleries hebdomadaires voire plus pendant près de 10 ans (ne dit-on pas des gens saouls qu'ils sont « pleins » ?), par la bouffe (tendance à la boulimie depuis l'adolescence sans aller jusqu'à me faire vomir, mais en quelques minutes avaler frénétiquement du salé, puis du sucré, puis de nouveau du salé...), par des achats (tourner en boucle sur internet à la recherche du truc qui me manque et qui va enfin me faire me sentir satisfaite/pleine), par les grossesses peut être aussi (4 enfants), par l'activité sûrement (faire faire faire)...

Témoignage de Judith

J'ai commencé le travail avec Valérie alors que je vivais à Paris, cela fait maintenant 7 ans. Je suis venue faire un stage sur le conseil de quelqu'un que j'ai connu, j'ai fait un stage et j'ai eu envie d'en faire d'autre et de continuer.

Je fais régulièrement des stages proposés par Valérie depuis septembre 2008, et depuis l'automne dernier je vois aussi régulièrement Valérie en rendez-vous individuels.

Valérie a été d'une grande aide dans ma vie. Je peux dire que si je me sens heureuse dans ma vie et que je suis de plus en plus proche de ce que j'ai envie tout au fond de moi c'est grâce à son aide.

C'est toujours nous qui avançons dans notre vie mais je trouve que le chemin peut être tellement compliqué et ardu, voir où on va et où on doit aller est difficile, que si nous n'avons pas une bonne aide pour gagner temps et énergie, on peut vite se paumer et errer. Valérie m'aide beaucoup grâce à sa clairvoyance et sa perspicacité, qualités nécessaires pour aider chacun à avancer sur son chemin. A un niveau concret pour voir ce qui fait blocage dans notre vie, elle est toujours d'une grande aide pour moi.

J'ai commencé par les stages pour débutants, reiki puis chamanisme. Cela m'a apporté des outils indispensables, basiques, pour me rapprocher de moi. Ressentir mes émotions plus simplement, y avoir accès plus simplement et rapidement pour ensuite découvrir mon « programme », ce qui me met des barrières et des blocages.

Des stages « outils » aussi tels que Calme mental, le stage sur l'amour, sont très utiles pour aborder les blocages plus en profondeur.

Les outils que m'a enseigné Valérie - travail avec l'énergie, méditation, exploration émotionnelle, voyages, soins mentaux - sont de vraies mines pour s'auto-guérir et avancer soi-même avec une certaine autonomie. Je les ai utilisés pour des problèmes bien particuliers, de façon le plus précise possible, et à chaque fois j'ai obtenu du changement et une amélioration dans ma vie, ainsi que la résolution des problèmes.

Les rendez-vous avec Valérie sont très efficaces et sont une autre forme de travail plus ciblée. C'est à la fois une aide et une façon de faire mon dp (développement personnel) d'une autre manière que seule chez moi ou avec l'aide du forum sur les sujets qui sont difficiles.

J'ai commencé un suivi à l'automne dernier, il était convenu qu'on se verrait régulièrement, un peu comme avec une psychologue.

Au début nous avons abordé des points essentiels pour moi : alimentation (qui va avec budget et économies), calme mental (j'avais grand besoin de remettre les pieds sur terre), solitude/vie en commun. Ces points se sont présentés seuls, c'est ce qui venait à ce moment-là. Je dois dire que tout ce qui me posait problème à ces niveaux a grandement avancé. Je constate une grande amélioration et me sens plus sereine qu'avant là-dessus, je le vis de façon plus simple.

Nous avons aussi abordé des points par rapport au lancement de mon activité professionnelle en indépendant, aux relations amoureuses dont certaines en particulier.

Je continue à consulter Valérie de temps en temps et son aide m'est très utile.

Témoignage de Joëlle

Lorsque je suis tombée sur le site de Valérie je me suis dit que j'avais peut être trouvé la bonne personne. C'était, je crois, en novembre 2007 donc ça fera bientôt 8 ans.

Jusque là j'étais en errance, à la recherche de je ne savais pas trop quoi mais mon but inavoué et inconscient était d'aller mieux ... car je ne vivais pas ... je survivais ...

Je fuyais la réalité en explorant des tas de choses un peu ésotériques, en cultivant un tas de croyances, je cherchais de la magie, du pouvoir ... j'étais bourrée de peurs paralysantes.

Valérie et sa méthode m'ont permis de revenir à la réalité même si j'ai encore du travail à faire sur ce vaste sujet.

Au bout de quatre ans (je ne suis pas rapide), j'ai pu constater de grands changements; mon regard sur la vie a changé, ma perception des choses s'est simplifiée, mon mental très agité a commencé a bien se calmer ce qui rend les choix plus aisés et permet de mieux être à l'écoute de son intuition. J'ai commencé à m'organiser, moi qui partait dans tous les sens, et surtout j'ai commencé à me placer au centre de ma vie, à m'accorder du temps, à me respecter, bref ... j'ai commencé à apprendre à m'aimer ... vaste travail.

J'ai appris à voir que la gravité des situations venaient surtout de l'importance que je leur donnais, moi, ...que le stress pouvait être apprivoisé jusqu'à disparaître.

J'ai appris à accueillir mes émotions sans me laisser diriger par elles ...ni m'y identifier ... même si là encore du travail reste à faire, je suis contente du chemin parcouru.

Quand je regarde en arrière, je vois que j'ai libéré de l'espace, de l'énergie, j'ai récupéré du pouvoir sur ma vie et je suis bien plus dans l'action, ayant moins de peurs qu'avant.

Pourtant j'ai commencé « tard », de mon point de vue, à plus de 50 ans ...mais en utilisant les outils de Valérie, ce n'est pas l'âge qui compte mais le temps passé à travailler sur soi.

Plus on travaille, plus les résultats arrivent, et tout ça malgré une vie professionnelle active, des enfants et petits enfants , des amis , des voyages ...

Bref, de mon point de vue, le jour où j'ai commencé ce travail avec Valérie Tardy...c'est la meilleure chose qui me soit arrivée et je suis reconnaissante de pouvoir le continuer.

Témoignage de Jérémie

À l'âge de 23 ans, j'avais une vie normale sans problème particulier. J'étais étudiant, en bonne santé, j'avais mes deux parents, des amis, de quoi subvenir à mes besoins... Pourtant, je souffrais beaucoup. Il serait très difficile de décrire mon état intérieur avec exactitude et exhaustivité, mais toute ma souffrance était due à ma façon de voir les choses.

Je me sentais étouffé par énormément d'obligations, d'interdits, d'angoisses et par la peur du regard des autres, à tel point que je faisais des apnées de manière involontaire. J'entretenais sans m'en rendre compte beaucoup de croyances sur moi, j'avais le sentiment d'être nul dans beaucoup de domaines de ma vie et cela me paralysait. Passer un coup de fil à une administration relevait de l'épreuve de force tant je craignais d'être rejeté. Même dans mes relations amicales et amoureuses, j'étais en représentation constante pour montrer une bonne image de moi-même, celle du « mec cool », sympa et bien dans ses baskets, afin d'être apprécié. J'avais peur de dire non et peur des conflits car j'avais peur de déplaire, alors je n'osais pas poser de limites. J'étais « trop gentil ».

J'avais aussi des croyances sur les autres et sur la vie, mais j'avais très peu de recul et d'esprit critique vis-à-vis de ça. Par exemple, je croyais la société corrompue par le capitalisme, alors j'avais adopté une attitude de réaction consistant à essayer de consommer et polluer le moins possible. Concrètement, je me privais de beaucoup de plaisirs, je me lavais très peu pour économiser l'eau et je donnais des leçons de vie aux autres. L'ésotérisme m'attirait et j'avais peu à peu adhéré à tellement de croyances que ma vision du monde était devenue un peu folle. Minéraux, plantes, chakras, karma, elfes, anges, etc. Tout cela se mélangeait dans ma tête, je redoutais d'enfreindre des règles spirituelles et d'être en danger. Je croyais aussi que la libération et le bonheur ne seraient accessibles que dans de nombreuses vies.

Avec tout ça, des pensées angoissantes tournaient en boucle dans ma tête toute la journée et m'encombraient, m'empêchant aussi de dormir la nuit. Ah oui, j'oubliais : je buvais et me droguais beaucoup pour essayer de m'évader et de me sentir mieux, mais sans succès. Cela a vite viré à la maltraitance et à l'autodestruction. C'est d'ailleurs ce qui m'a poussé à chercher une vraie solution à mon mal-être.

Suite aux 5 ans de travail avec Valérie, mon état intérieur a radicalement changé. Je suis heureux et j'ai le sentiment de voir la vie d'une manière plus claire, plus simple, d'être plus libre, plus léger. Je dis « plus » car il y a encore du travail, notamment concernant le sentiment d'être nul qui me fait parfois me mettre en colère avec des conséquences fâcheuses. Mais ça n'a plus rien à voir avec avant. Ma tête est plus calme, je ne pense plus jamais à mon passé, mon enfance ou mes anciennes relations, ça ne me hante plus. J'ai d'ailleurs souvent du mal à m'en rappeler quand on me questionne, comme si ce n'était pas à moi que c'était arrivé.

Tous ces changements m'ont rouvert les portes pour une vie meilleure. Je suis redevenu capable de m'intégrer à la société, de fonctionner avec les autres, de les accueillir, de les respecter et de me faire respecter. Je suis aussi capable d'utiliser les « règles du jeu » pour atteindre ce que je veux, alors qu'avant je les rejetais et me marginalisais volontairement. Maintenant, je peux pleinement exprimer mon potentiel.

Je me suis d'ailleurs réorienté professionnellement et j'ai réussi à mettre en œuvre les démarches pour exercer le métier de professeur des écoles, chose qui aurait été impossible auparavant.

La reprise d'études, le concours, la hiérarchie, etc. J'ai récupéré la capacité à faire les choses sérieusement, à être carré et responsable, tout en devenant capable d'accueillir vraiment chaque élève tel qu'il est, sans jugement. Avant, j'avais peur des enfants, peur qu'ils ne m'aiment pas, ça aurait été compliqué avec mes élèves... De plus, je travaille maintenant avec des adolescents handicapés mentaux et cela se passe bien grâce aux qualités d'accueil et de bienveillance que j'ai développées.

Je suis aussi auteur à temps partiel. Le travail avec Valérie m'a beaucoup aidé pour cette activité. Entre autres, j'ai redécouvert tout le champ des émotions humaines, car je m'étais coupé de celles que je jugeais négatives et qu'il était mal de ressentir pour le « mec cool » que je voulais incarner. Ainsi, je connais mieux le fonctionnement des humains et suis maintenant capable de bâtir des personnages à la psychologie fouillée, aux émotions et aux réactions crédibles. Je suis aussi devenu capable de travailler de façon professionnelle, de rechercher les meilleures réponses à mes besoins et aux problèmes que je rencontre (documentation, scénario, édition...). Avant, je baissais vite les bras ou me contentais souvent de solutions médiocres.

Aujourd'hui , je sens que je serais encore capable de changer d'orientation professionnelle, de reprendre des études si ça correspondait à une façon d'atteindre ce que je souhaite.

Je suis aussi devenu capable de bâtir une vraie vie de couple, avec une communication sincère et transparente, garante d'une relation saine. Je suis capable d'accueillir l'autre tel qu'il est, je sais ce qu'est l'amour et ce qu'il n'est pas (la jalousie, le chantage, le manque, vouloir changer l'autre). J'ai la chance de pouvoir aimer, en donnant et en acceptant de recevoir. Avant, je croyais sincèrement ne pas le mériter.

Et j'ai confiance dans ma capacité à devenir père, avec la tête sur les épaules et une grande capacité d'amour. Je suis également lucide car je sais que tout ne sera pas toujours rose et que je ne pourrai faire l'économie d'apprendre sur le tas à être parent, en faisant parfois des erreurs.

Sans ce travail avec Valérie, je ne serais pas l'humain heureux que je suis aujourd'hui. Pour cela, elle aura toujours ma reconnaissance pour l'aide, l'amour et la guidance fournies.

CONCLUSION

Pourquoi choisir cette méthode ?

Je vous ai présenté assez rapidement ma méthode de développement personnel, l'art de la guérison individuelle AGI®.

J'espère avoir été suffisamment claire et que vous comprenez à peu près de quoi il s'agit. J'ai pu observer que cette méthode répond aux besoins de la majorité des personnes. J'imagine que c'est parce que je l'ai conçue en réponse aux demandes et aux besoins des gens qui me contactaient et de mes élèves, au fil du temps.

C'est une méthode de développement personnel qui va bien au-delà de la plupart des méthodes, puisqu'elle permet de se libérer complètement, et correspond aussi à un chemin spirituel, tout en ne transmettant aucune croyance. Elle répond donc à toutes les dimensions de l'individu. Il me semble essentiel de prendre en compte l'aspect spirituel, dont la plupart des gens manquent tant. J'insiste sur le fait que cela n'a rien à voir avec le fait d'adhérer à des croyances. Au contraire AGI® est une méthode pour se débarrasser de ses croyances, et de ses idéaux, y compris spirituels.

En pratiquant l'Art de la Guérison Individuelle ou en venant me consulter en rendez-vous, vous pouvez aborder tous les problèmes de votre vie, qu'ils soient lourds ou légers et quels que soient les domaines qu'ils concernent. L'art de la guérison individuelle permet de travailler sur tous les aspects de votre vie, dont vous constaterez rapidement qu'ils sont liés. L'être humain n'est pas comme une commode à tiroirs, il est un tout.

Pour pratiquer l'Art de la Guérison Individuelle, il suffit d'être très motivé et d'être prêt à s'engager sur un moyen terme au minimum. La méthode s'adresse pratiquement à toutes les personnes motivées pour travailler sur elles et changer au moins certains aspects de leur vie, à condition qu'elles acceptent la règle du jeu : on ne peut pas tout contrôler sur ce chemin et peut-être qu'elles seront obligées de toucher à d'autres choses que ce qui les amène pour avancer. Encore une fois tout est lié.

En pratiquant l'Art de la Guérison Individuelle, vous pouvez retrouver l'espoir en réalisant que, quoi que vous ayez vécu, vous pouvez vous libérer. Rien n'est irrémédiable et le passé n'a pas autant d'importance qu'on le dit. Grâce à ce travail vous cesserez d'être une victime et vous commencerez à reprendre la direction de votre vie en main.

AGi® vous donne des outils pour travailler en autonomie et de l'aide autant que nécessaire.

Beaucoup de personnes arrivent aussi avec un grand nombre de questions sur la vie, la mort, l'existence en général. Il me semble qu'au fil de leurs parcours, les gens qui travaillent avec moi obtiennent des réponses et que de nombreuses questions disparaissent également.

Je terminerai en exprimant ce qui me semble le plus important. Nous sommes tous des êtres humains, nous partageons cette même condition humaine, qui est difficile. Il me semble naturel de s'entraider, ne serait-ce que pour arriver à supporter cette condition, et toute la souffrance qu'elle comporte.

Tout ce que j'enseigne et pratique est né sur la voie du coeur. Ni les stages, ni les rendez-vous, et encore moins les soins, ne pourraient exister ou avoir de sens sans compassion pour mes frères humains. Soyez bien conscient que nous partageons la même vie, le même héritage génétique, les mêmes limites et les mêmes capacités. L'Art de la Guérison Individuelle est sans doute la réponse que je propose face à la réalité du monde dans lequel nous vivons, et à la réalité de ce vécu humain partagé, à ma constatation de la souffrance qui est partout, en chaque individu.

Valérie Tardy

Pour contacter Valérie Tardy

Avant toute demande de stage ou de rendez-vous, il est essentiel de lire les sites web de Valérie :

http://www.tambourschamaniques.fr

http://www.au-coeur-de-la-vie.com

http://www.coach-toulouse-tarn.fr

http://www.lereikiguide.com

Vous pouvez envoyer un email par les formulaires de contact des sites. Les inscriptions aux stages et formations sont gérées et enregistrées par l'association Actée de Toulouse (www.developpement-personnel-toulouse.fr), qui recevra directement votre email. En fonction du type de stage, la sélection des élèves peut se faire soit par email, soit par email et rendez-vous individuel obligatoire (en particulier pour la formation de thérapeute). Les rendez-vous sont gérés par Valérie Tardy directement et toujours par email. Les lieux de stages sont aussi invités à nous contacter par email.

Vous pouvez vous rendre sur le forum de Valérie Tardy à l'adresse suivante pour discuter ou poser des questions :

http://lesforums.au-coeur-de-la-vie.com/phpBB3/index.php

Ce forum comporte une partie principale dédiée aux élèves et à laquelle les autres ne peuvent pas accéder. Cependant une partie publique existe aussi. A l'heure où ce livre est rédigé, elle n'est pas très développée. C'est parce que le forum cité plus haut est un nouveau forum qui a remplacé en 2015 les précédents forums de Valérie Tardy (ceux-ci existant depuis 2003).

Autre livres de Valérie Tardy:

Comprendre l'essence du chamanisme : Au-delà des cultures, les pratiques chamaniques expliquées par une chamane (2015)

Manuel de reïki premier degré : développement personnel et éveil spirituel avec le reïki traditionnel (2015)

Ces ouvrages sont disponibles aux formats broché et kindle.

Note pour les lecteurs

Nous vous remercions de l'achat de ce livre, que ce soit en édition brochée ou en format numérique. Nous avons voulu que les prix soient très accessibles aux lecteurs. Si vous désirez lire les prochains ouvrages de Valérie Tardy (sur les soins chamaniques, l'éveil ou le développement personnel), et à des prix raisonnables, vous pouvez nous aider en écrivant un excellent commentaire produit sur Amazon. Cela permettra en premier lieu à d'autres personnes potentiellement intéressées de trouver cet ouvrage facilement. Nous vous remercions chaleureusement pour tout commentaire 5 étoiles, car ce sont les seuls qui permettent à un livre d'être trouvé.

Printed in France by Amazon
Brétigny-sur-Orge, FR

18543500R00121

EVA-MARIA BAST | ROSA LEGATIS | BERT STREBE

Hannoversche Geheimnisse

BAND 2

50 NEUE GESCHICHTEN
AUS DER LANDESHAUPTSTADT UND DER
REGION HANNOVER

Hannoversche Allgemeine HAZ

Bast, Eva-Maria; Legatis, Rosa; Strebe, Bert
Hannoversche Geheimnisse (Band 2) – 50 neue Geschichten aus der Landeshauptstadt und der Region Hannover

HANNOVERSCHE ALLGEMEINE ZEITUNG in Kooperation mit:
Bast Medien, Münsterstr. 35, 88662 Überlingen
(verantwortlich)
Überlingen 2016.
ISBN: 978-3-946581-07-9

Lektorat: Lena Bast
Covergestaltung: Jarina Binnig, Carina Linke, Cornelia Müller
Layout: Homebase – Kommunikation & Design, Jarina Binnig
Grafik: maps4news.com/©HERE (Karte)
Satz: Carina Linke
Druck: werk zwei Print+Medien Konstanz GmbH

Ein Titel aus der preisgekrönten Reihe „Geheimnisse der Heimat“